cocon

UnRuhestand, 16 Porträts
Isabelle Stier, Peter Podolski, Sebastian Zilch

Fotografie:
Peter Podolski

Lektorat:
Dr. Lena Lindhoff

Gestaltung:
Manfred Nachtigal

CoCon Verlag Hanau
In den Türkischen Gärten 13
63450 Hanau
www.cocon-verlag.de
ISBN 978-3-86314-228-5

Fotonachweis: Seite 41 Wolfgang Kaus privat
Seite 81 und 83 Norbert Kern privat
Seite 129 oben Heinz Jochen Schlüter
Seite 129 unten Urban Kirchberg

Isabelle Stier Peter Podolski Sebastian Zilch

UnRuhestand

16 Porträts

cocon

Vorwort

Für viele Menschen füllt die Arbeitszeit fast das ganze Leben. Die berufliche Tätigkeit prägt mehr, als wir glauben möchten. Sie trägt nämlich im Wesentlichen und entscheidend zu dem bei, was man landläufig Lebensunterhalt nennt.

Ist man angestellt und nicht selbstständig, dann macht das Leben mit einer rigorosen Zäsur Bekanntschaft: Mit der Zahl 65 oder später mal 67 fällt der Hammer, es ist unweigerlich Schluss mit dem Beruf. Von heute auf morgen geht man in Rente oder Pension. Und je mehr sich der demografische Wandel breit macht, umso mehr Frauen und Männer sind davon betroffen. Es beginnt der „Unruhestand". Spaßeshalber sagt man zu den sozialen Neuversorgern, sie gehörten als neue Befehlsempfänger zu dem „Desdo-Club" („Mach mal des do"). Die Erfüllung, die man im Leben durch Beruf oder auch Familie – meist sind die Kinder aus dem Haus – hatte, nimmt ein jähes Ende.

Doch muss das so sein? Wird ein Rentner oder eine Pensionärin unweigerlich zum Befehlsempfänger, zum häuslichen Hilfsarbeiter in Haus und Garten verurteilt oder gar zum Handlanger degradiert?

Das Buch zeigt Möglichkeiten auf, warum das nicht so zu sein braucht. „Unruhestand" nennt Beispiele, wie es auch anders gehen kann. Freilich gehört dazu meist körperliche Unversehrtheit und gesundheitliche Fitness, Unternehmungsgeist und vor allem, dass man seine restliche Zeit im Arbeitsprozess dazu nutzt, sich auf neue Aktivitäten vorzubereiten – sei es, dass man sein Hobby ausbaut, frühere Wünsche zu realisieren versucht oder Aufgaben übernimmt, die einem unverhofft zufliegen.

Drei von sechzehn Beispiele seien herausgegriffen.
Das ist eine Frau aus Frankfurt, die bei einer kommunalen Behörde tätig war und dann eine eigene Internet-Zeitung ins Leben rief.

Der Geschäftsführer eines der großen Weingüter im Rheingau, der mit der Marke eines Mineralbrunnens die Geheimnisse des Zusammenspiels beim Genuss von Wasser und Wein entschlüsselt.

Da ist ein Ehepaar aus Naurod bei Wiesbaden, er Ingenieur und sie Fotografin, die es nach Südafrika verschlagen hat, wo sie Tierfilme für deutsche und ausländische Fernsehsender produzieren.

Nun sind das – zugegeben – Ausnahmen. Aber Ausnahmen bestätigen oft die Regel, wenn man den einen oder die andere zum Vorbild nimmt. Und: Nicht erst mit 65 anfangen, die Spuren sollten früher gelegt werden – auch mit Hilfe von Familienmitgliedern, Ehepartnern oder Kindern. „Heute morgen bin ich 65 Jahre alt geworden und am Abend spüre ich das schon" – das ist eine falsche Selbstdiagnose. „Wer rastet, der rostet" passt da viel besser, körperliche und geistige Beweglichkeit, Mut, Ausdauer und Elan, vielleicht auch ein wenig Risiko gehören dazu.

Wer ab 65 zum Nur-Konsumenten wird, hat schon verloren. Wer hingegen ein selbst bestimmendes Individuum bleibt, entwickelt auch sein eigenes Leben im dritten Lebensalter, wie man den Abschnitt ab 65 Jahre auch nennt.

Weiter gehören dazu Spaß und Freude an der neuen Tätigkeit. Die Zufriedenheit über das eigene Tun sollte dominieren, ohne dass es zu Stress und Termindruck ausartet.

Und schließlich ist der Kontakt zum Mitmenschen ganz wichtig, die Kommunikation mit Gleich- oder Andersdenkenden. Gerade das lässt neue Ideen sprießen. Die Generation der Über-65-Jährigen, die in der Regel Nachkriegskinder sind, Leid, Not und Entsagungen erlebt haben, kennt die Lebensstränge oft nachhaltiger als spätere Generationen und kann diese auch besser bewältigen.

Sind die „Unruheständler" von heute also Vorbild für viele?
Sie können es sein, wenn man ihre Lebensgeschichten nachempfindet, das Auf und Ab der gesellschaftlichen Zustände und das Schicksalhafte, das damit verbunden ist. Der Drang nach neuen Ufern, nach Entdeckungen, die nicht ökonomisch beherrscht und ausgenutzt werden, ist ihnen noch eigen.

Schon allein deshalb – aber nicht nur – lohnt sich ein Blättern, Lesen und Stöbern in diesem Buch. Mögen Sie darin viele informative und vielleicht auch nachahmenswerte Erfahrungen entdecken und daraus entnehmen.

Karl-Heinz Stier

Prolog

Berufsende – und was dann?

Prof. Dr. Dres. h. c. Ursula Lehr
Vorsitzende der Bundesarbeitsgemeinschaft der Senioren-Organisationen (BAGSO)
Bundesfamilienministerin a. D.

Von den einen als neue Herausforderung und Chance, von den anderen als Gefahr, Problem oder gar als Krise erlebt: Das Ende der Berufstätigkeit – der eigenen wie der des Partners – bedeutet in jedem Fall eine Veränderung, eine Zäsur im Lebenslauf. Eine Frage, die viele Menschen in dieser Situation beschäftigt: „Was bin ich, wenn ich nichts mehr bin?"

Noch vor gut 40 Jahren wurde von der Mehrheit der Mitte-60-Jährigen der Eintritt in den formellen „Ruhestand" als „Anfang vom Ende" befürchtet. Doch das hat sich heute geändert. Jetzt wird das Berufsende von der großen Mehrheit herbeigesehnt, als „Beginn einer neuen Lebensphase", als „späte Freiheit" begrüßt und positiv erwartet. Dennoch wird diese Phase sehr unterschiedlich erlebt. Für den einen mag der „Ruhestand" auch heute noch zu einer Gefahr werden, einer kritischen Lebenssituation, die ihn aus der Bahn wirft, vor allem dann, wenn der Zeitpunkt unerwartet kommt. Andere wiederum mögen im Eintritt in das Rentnerdasein eine Chance sehen, noch einmal etwas ganz Neues zu beginnen, sich dem zuzuwenden, was einem wirklich Spaß macht, endlich frei über seine Zeit bestimmen zu können. Viele werden aber diesem Zeitpunkt, diesem Ereignis ambivalent gegenüberstehen.

Studien zeigen, dass diese Situation höchst unterschiedlich erlebt wird. Je nach bisheriger Entwicklung, je nachdem, was der Beruf einem persönlich bedeutet hat, welche positiven und negativen Herausforderungen man in der beruflichen Entwicklung und im Berufsalltag erlebt hat, und je nach der jeweiligen Konstellation gegenwärtiger Bedingungen in Bezug auf die Familiensituation, Partnerschaft, Sozialkontakte, Finanzen, Wohnsituation, Gesundheit, Hobbys und dergleichen und auch je nach der persönlichen Zukunftsorientierung.

Der Beruf bedeutet für die meisten Menschen weit mehr als nur eine Verdienstquelle. Der dritte Lebensabschnitt wird zunächst begrüßt von Personen, die auch anderweitigen außerfamiliären Aufgaben nachgehen und das Gefühl haben, ihre beruflichen Aufgaben gut „vollendet" zu haben.

Das Ende des Berufslebens kann jedoch auch zu einem Problem für jene Personen werden, die ein hohes Engagement in ihrem Beruf und ihrer Tätigkeit entwickelt haben, für die der Beruf zur Quelle sozialer Kontakte wurde und denen der Beruf das Gefühl vermittelte, „gebraucht zu werden".

Je zufriedener man mit der bisherigen beruflichen Entwicklung und Momentansituation war, um so mehr befürchtet man das Ende des Berufslebens und will sich zunächst um so weniger vom Beruf trennen. Doch um so positiver lässt sich nach einiger Zeit der Übergang in die nachberufliche Phase – den vermeintlichen „Ruhestand" – bewältigen. Und: Je unzufriedener man mit seiner beruflichen Entwicklung und mit der Situation am Schluss war, um so mehr sehnt man den Eintritt in den „Ruhestand" herbei, um so leichter trennt man sich zunächst von seiner Tätigkeit, doch um so problematischer wird nach einiger Zeit der Übergang in die nachberufliche Phase erlebt. Der Anpassungsprozess an die neue Lebenssituation gestaltet sich hier weit schwieriger.

Insbesondere gilt es aber auch, für geistige Anregung und geistiges Training zu sorgen, entsprechende Interessen zu pflegen – vielleicht auch, sich neue Gebiete zu erarbeiten. Denn der „Beruf als Trainingsfaktor" entfällt nun; hier sollte Ersatz geschaffen werden.

Wir haben eine zunehmende Langlebigkeit; freuen wir uns darüber! Aber tun wir alles, um möglichst gesund und kompetent älter zu werden? Zur Prävention, zur Vorsorge, ist jeder Einzelne gefordert. Es liegt in unserer eigenen Verantwortung, uns möglichst gesund zu ernähren, körperlich aktiv zu bleiben, uns geistig mit den Veränderungen in unserer Zeit auseinanderzusetzen und soziale Kontakte zu pflegen. Forschungen belegen: Geistig aktivere Menschen, Personen mit einem breiteren Interessenradius, einem weitreichenderen Zukunftsbezug erreichen ein höheres Lebensalter bei psychophysischem Wohlbefinden als jene, die weniger Interessen haben und geistig weniger aktiv sind. Eine größere Aktivität und Aufgeschlossenheit sorgt für geistige Anregungen und Stimulation, dadurch werden die geistigen Fähigkeiten zusehends trainiert und gesteigert. Während bei geistig eher passiven Menschen eine geringere Suche nach Anregungen und neuen Interessen feststellbar wird, sodass die noch vorhandenen geistigen Kräfte im Laufe der Zeit mehr und mehr verkümmern. Der Volksmund sagt, schlicht und richtig: „Wer rastet, der rostet."

Eigenverantwortung ist verlangt – von Menschen aller Altersgruppen, denn Altern ist ein lebenslanger Prozess. Aber jeder Bürger, jede Bürgerin unseres Landes hat auch Verantwortung gegenüber der Gesellschaft, gegenüber allen anderen Generationen. Wir Seniorinnen und Senioren sind mitverantwortlich für das Wohlergehen unserer Kinder, unserer Jugendlichen, unserer jungen und mittelalten Erwachsenen und unserer jungen und älteren Seniorinnen und Senioren. Diese Mitverantwortung für andere Generationen geht heute über den familiären Bereich hinaus. Bürgerschaftliches Engagement, Einsatz für andere, ist die Herausforderung unserer Zeit.

„Fange nie an, aufzuhören, und höre nie auf, anzufangen!"

Die folgenden Porträts zeigen anhand unterschiedlicher Biografien auf, wie „Menschen wie du und ich" heute den „Ruhestand" erleben, wie sie „nie angefangen haben, aufzuhören, und nie aufgehört haben, neu anzufangen".

Literaturangaben und weiterführende Literatur:
Ursula Lehr (2007): Psychologie des Alterns (11. völlig überarbeitete Auflage; 1. A. 1972), Wiesbaden: Quelle & Meyer

"Ich hatte Tränen in den Augen, als ich den Flughafen verlassen habe. Seitdem war ich nie wieder am Flughafen und bin auch nicht mehr geflogen."

"Papa, ich bin angekommen!"

"Die Klamotten sind gepackt, der Kleidersack hängt auch schon an der Schlafzimmertür."

"Eine Sache ergab sich aus der anderen, von mir aus wäre ich ja nicht auf die Idee gekommen, in die Justizvollzugsanstalt zu gehen."

"Ein Beagle ist kein Hund für Couchpotatoes."

"Man muss sich selbst immer wieder Mut machen."

"Mein Opa hatte zwei Ehrenkarten. Das war mein Schicksal."

"Alter ist etwas Schönes. Man darf seine Meinung sagen und anecken."

"Ich hab keinen einzigen Anzug im Schrank, aber vier Barockkostüme."

"Ich habe auch von der jugendlichen Lebenserfahrung meines Webmasters gelernt."

"Ich warte noch auf die europäische Staatsbürgerschaft."

"Das Filmen hat eine andere Dimension bekommen, als klar wurde, dass wir eine enge Beziehung zu Afrika haben."

"Weil ich früher nix hatte, hatte ich den Wunsch, Möbel zu haben."

“Du musst als Gewinner rausgehen.”

“Es gibt kein Erlebnis, sei es noch so schlecht, aus dem man nicht lernen kann.”

“Einmal auf dem Südpol und Nordpol zu stehen, war schon ein Wunschtraum mit 14 Jahren.”

“Ich lebe 25 Stunden am Tag.”

“Das Bett ist nie kalt geworden.”

“Jeder hat seine Rolle im Team, wir ziehen gemeinsam an einem Strang und ergänzen uns gut, das ist ein höchst beglückender Zustand. Uns geht nie das Gesprächsthema aus.”

“Die Schule war das Theater meiner Rebellion.”

“Ich kann nicht leben ohne Projekte.”

“Sie ist das Herz und er ist der Kopf.”

“Wir sind halt etwas exotisch, aber beide, sonst ginge das ja auch gar nicht.”

“Vom Vater die Ordnung, von der Mutter die Genialität, vom Opa die Sturheit, die habe ich selten gebraucht, aber die Genialität und die Disziplin.”

“Es reiche nicht, ich solle in zwei Jahren wiederkommen.”

“So jemanden wie Sie können wir hier gut gebrauchen.”

“Nimm das Leben als Geschenk, lebe es in Verantwortung gegenüber der Schöpfung und bewahre die Werte unserer Kultur.”

Promis, Partys und Premieren

Ilse Romahn, 76, Herausgeberin eines Online-Gesellschaftsmagazins für das Rhein-Main-Gebiet

Der Gassenhauer „... mit 66 Jahren da fängt das Leben an..." von Udo Jürgens trifft zu 100 Prozent auf Ilse Romahn zu. Es ist 22:30 Uhr, als Romahn ihre Haustür aufschließt. Ermüdet, aber zufrieden durch viele angenehme Gespräche, entspannt sie sich in ihrem Sessel. Hinter ihr liegt mal wieder ein ereignisreicher Tag.

Als heute Morgen der Wecker klingelte, eilte Romahn – wie jeden Morgen – getrieben von Neugier zu ihrem Laptop, um die Zugriffszahlen des Vortages festzustellen. Mit der Gewissheit „Die Zahlen sind stabil" (immerhin respektable 100 000 Besucher im Monat) sah sich die Mitte-70-Jährige in ihrem Engagement bestätigt. Nachdem sie die Tagespresse studiert hatte, machte sie sich auf zu ihrem ersten Termin, der Pressekonferenz des Tourismusbüros Zypern. Ausrichter dieser Pressekonferenz war die Presseagentur des Tourismusverbandes Zypern. Romahn freute sich darauf, dort viele Weggefährten zu treffen, mit denen sie schon einige Male auf Pressereisen war. Danach eilte sie mit der Pressemappe unter dem Arm per Straßenbahn nach Hause an ihren Schreibtisch, um die Neuigkeiten online zu stellen. Etwas gehetzt schwang sie sich schon am Nachmittag in ihre Abendgarderobe, um sich auf den Weg in die ehrwürdige Frankfurter Alte Oper zu machen. Dort war Vorpremiere für ein Theaterstück in der Vorweihnachtszeit. Im eleganten schwarzen Kleid und passenden Mantel verließ Ilse Romahn ihr Häuschen in der Griesheimer Wohnsiedlung aus den Fünfzigern und machte sich erneut auf den Weg in die Innenstadt.

Mit 59 Jahren trat die ehemalige Sekretärin, die 20 Jahre lang bei der Kriminalpolizei Frankfurt und beim Frankfurter Verkehrsverbund (heute RMV) tätig war, in den wohlverdienten, jedoch vorgezogenen Ruhestand. Nach einigen Jahren intensiver Pflege ihrer Mutter entstand nach deren Tod eine Leere. Am Ende der ersten

Trauerphase gründete die gebürtige Frankfurterin mit 66 Jahren ihr Online-Gesellschaftsmagazin Frankfurt-Live.com. Nur zu Hause sitzen, stricken, kochen und die Füße hochlegen war nicht ihre Sache. Sie wollte etwas für sich machen, nicht nur ein Hobby, sondern etwas, das sie forderte, ihr das Gefühl gab, gebraucht und anerkannt zu werden.

Agil und wissbegierig, mit dem Wunsch, weiterhin für Zeitungen tätig zu sein, war für sie schnell klar, dass sie sich verstärkt ihrer Leidenschaft, dem Schreiben, widmen wollte. Das Schreiben für die Zeitung hat Ilse Romahn schon während ihrer Sekretärinnenlaufbahn als Sprachrohr der lokalen Vereinsszene des Frankfurter Westens gelernt – im Alter von 45 Jahren. Um sich eine professionelle Schreibe anzueignen und die Technik zu verfeinern, absolvierte sie ein dreijähriges Fernstudium, parallel zur Berufstätigkeit, das sie für die Arbeit als Reporterin für Stadtteilzeitungen prädestinierte.

Was also tun? Die Gründung einer eigenen Printzeitung war zu teuer. So entstand – inspiriert durch einen Freund – die Idee, eine Online-Zeitung zu betreiben. Das war zunächst eine große Herausforderung, da das Internet für Ilse Romahn ein vollkommen neues Medium und Terrain war. Zuerst sah sie das als Stolperstein an, als „einen See, den es zu durchschwimmen" galt. Ihr Lebensprinzip war, stets geistig beweglich zu bleiben. „Ich war bereit, diesen für mich sehr schwierigen Lernprozess auf mich zu nehmen", beschreibt Romahn ihre Motivation. Mit der Hilfe ihres jungen Webmasters Bernd Bauschmann und bestückt mit einer ordentlichen Portion Hartnäckigkeit, erschloss sie sich den Zugang zum World Wide Web. Und das galt nicht nur für ihr technisches Verständnis. Denn: „Ich habe auch von der jugendlichen Lebenserfahrung meines Webmasters gelernt."

Anfangs bildete die Homepage nur eine Beschäftigungsmöglichkeit, eine Plattform für ihr großes Hobby, das Schreiben. Doch ihr Ehrgeiz war größer: Sie wollte mit Frankfurt-Live mehr und mehr Leser gewinnen. An dem Tag, als die Seite zum ersten Mal 200 Aufrufe hatte, sprang Ilse Romahn vor Freude an die Decke. Vier Wochen nach dem Start der Website erhielt sie einen Anruf einer Londoner Baufirma, die sie für eine Messeteilnahme in Frankfurt nach ihren Mediadaten fragte.

Frankfurt live.com
Deutsche Post DHL

Gebauchpinselt, aber zunächst überfordert durch diese und weitere Anfragen, entschloss sie sich, ein Gewerbe anzumelden. Das Interesse an Frankfurt-Live wuchs stetig und auch die Einladungen wurden zahlreicher. Die Anerkennung in einer Riege mit FAZ, FR und anderen Medien erfüllte sie mit Stolz.

Mittlerweile reihen sich über zwanzig ehemalige Journalisten in den Kreis der Frankfurt-Live-Autorenschaft ein. Diese bestücken die Rubriken Lifestyle, Kultur, Wirtschaft, Politik, Reise, Wellness und Rhein-Main mit aktuellen Berichterstattungen, hintergründigen Features und Geschichten, die regionale Ereignisse übersteigen. Ilse Romahn ist längst nicht mehr nur im Rhein-Main-Gebiet als Reporterin unterwegs, sondern nimmt auch an Pressereisen ins Ausland teil. Diese und andere Annehmlichkeiten, wie zum Beispiel das Schreiten über den Roten Teppich des Opernballs, bescheren ihr zusätzlich viele schöne und angenehme Momente. Dazu zählt auch der letzte Termin des Tages, der Journalistenstammtisch im Kempinski Hotel Gravenbruch, der alle acht Wochen stattfindet. Auf dieses Get-Together freut sie sich immer, dort – in der „Torschänke" des Kempinski Gravenbruch, das u. a. Diskussionen unter dem Motto „Smalltalk in der Gerüchteküche" veranstaltet – trifft sie auf eine Vielzahl an Kolleginnen und Kollegen sowie eine Reihe ihrer Autoren, tauscht Neuigkeiten und Termine aus.

Begleitet von Köstlichkeiten eines Buffets, ist das Thema diesmal: „Eintracht Frankfurt in der 2. Liga". Gegen 22 Uhr tritt sie den Heimweg in den Frankfurter Westen an, meist mit öffentlichen Verkehrsmitteln oder als Mitfahrerin von Kollegen, denn Ilse Romahn besitzt kein Auto.

Als Herausgeberin von Frankfurt-Live fühlt sie sich heute gefordert und weiterhin anerkannt. „Ich bin zufriedener, ausgeglichener und freue mich auf jeden neuen Tag." Der Segen des Ruhestandes ist für sie der Unruhestand, aktiv, unterwegs, im Dialog und somit nach wie vor ein vollwertiges und gefragtes Mitglied der Gesellschaft zu sein. „Ich kann mich jetzt wirklich mit Freude und Begeisterung einer Aufgabe widmen, die mich voll erfüllt. Ohne dabei zu denken: Was bekomme ich denn dafür?" Das dritte Lebensalter ist für Ilse Romahn ein spannender Abschnitt, der nicht einrosten lässt und viel mehr ist als ein Hobby. „... mit 66 Jahren, da hat man Spass daran ..."

10 Fragen

Was fällt Ihnen zu den Begriffen Ruhestand und Lebensabend ein?
Das ist etwas Wunderbares. Ruhestand heißt, ich habe meine Pflicht erfüllt, mein Berufsleben ist abgeschlossen und der Lebensabend kann noch so viel Phantastisches und Aufregendes bringen.

Was motiviert Sie, nicht die Füße hochzulegen, sondern die Ärmel weiter hochzukrempeln?
Weil ich aktiv und kein Großmütterchentyp sein möchte.

„Wer rastet, der rostet" – ist das richtig?
Ja, denn die Bequemlichkeit nimmt so sehr Besitz von Menschen.

Wenn ich heute noch mal 20 wäre, würde ich …
Auf jeden Fall studieren und sofort dem großen Begriff „Schreiben" folgen.

Ich habe noch folgende Träume, die ich mir noch erfüllen möchte …
Meinen Traum habe ich mir mit Frankfurt-Live erfüllt. Mein jetziger Traum ist, dass dies auch noch lange so bleibt.

Die Rente mit 67 ist für mich …
… richtig, weil wir heute durch eine bessere Gesundheit viel älter werden.

Entspannung heißt für mich …
Mittags eine Stunde in meinem Garten liegen, mit Eis, Kaffee und meinem Telefon.

Hat Sie Ihre jetzige neue Tätigkeit verändert?
Ich bin zufriedener und ausgeglichener und freue mich auf jeden neuen Tag.

Was sind die wichtigsten Dinge am Tag?
Die aktuellen Zugriffszahlen am Morgen für die Bestätigung meiner Arbeit, angenehme E-Mails, Einladungen und dass familär wie auch nachbarschaftlich alles in Ordnung ist.

Was können Sie Gleichgesinnten raten?
Macht was, tut was, seid aktiv, sitzt nicht auf der Parkbank rum. Es gibt so viele Möglichkeiten, zum Beispiel Malen, Wandern. Isolation vermeiden, die Mischung macht es aus, dass Jung und Alt gegenseitig voneinander profitieren.

LESEKABINETT
LESEKABINETT

Der bunte Vogel vom Museum

Gerd Grein, 68. Der Sammler und Kurator ist eine Institution der hessischen Volkskunde

Da steht er nun. Was er im Augenblick wohl denkt? Es ist Sonntag, kurz vor elf. Die letzten Besucher begeben sich in einen der Räume des Dreieich-Museums. Anlass ist die Eröffnung der Sonderausstellung „So sin se die Frankfurter", zu der Gerd Grein und der Geschichts- und Heimatverein e.V. Dreieichenhain geladen haben. Gegenstand der Ausstellung ist ein Streifzug durch die Frankfurter Esskultur der vorigen Jahrhunderte. Traditionelle Köstlichkeiten wie das Stöffche (Apfelwein), der Hartekuchen sowie der Frankfurter Kranz sind die kulinarischen Höhepunkte. Accessoires wie das Gerippte, der Bembel und der Schobbe-Deckel runden die lukullischen Besonderheiten ab.

Grein steht mit leicht aufgestütztem Arm an einem Stehtisch. Er wirkt etwas angespannt. Dennoch huscht ein Ausdruck von Freude über sein Gesicht.

Ausstellungen wie diese begleiten den hessischen Volkskundler schon fast ein halbes Jahrhundert, als ehemaligen Kulturamtsleiter der Städte Langen und Groß-Umstadt oder als ehemaligen Museumschef der Veste Otzberg. Das wesentliche Merkmal seiner aktuellen Ausstellung sind Exponate, die Grein seit seiner Jugend zusammengetragen hat. Seine vielfältige Sammlung beinhaltet Trachten und Gegenstände aus allen hessischen Regionen und stellt einen repräsentativen Querschnitt der Alltagswelt im ländlichen Raum dar.

Vor 35 Jahren richtete der eifrige Sammler sein eigenes Museum ein. Zunächst in einem leerstehenden Rathaus in Otzberg-Lengfeld, das durch die damalige Gebietsreform nicht mehr genutzt wurde. Als 1984 die Jugendherberge in der Veste Otzberg aufgegeben wurde, wechselte Grein mit seinem Museum dorthin. Die Stücke sind Symbole für das Leben der einfachen Bevölkerung, den Alltag der Handwerker, Tagelöhner und Bauern. Auf die Frage, wo er das alles her habe, schmunzelt Grein und sagt: „Ja, das frage ich mich auch ..."

Das Museum hatte zu seinen besten Zeiten – in den ersten Jahren nach der Wende – 30 000 Besucher im Jahr. Mit den Jahren allerdings wurde das Interesse geringer und die Besucherzahlen sanken auf 4000 Besucher im Jahr. Dieser negative Trend belastete den passionierten Sammler und Museumsvater so sehr, dass er im Alter von 61 Jahren vier Schlaganfälle erlitt – glücklicherweise ohne Langzeitfolgen. Das veranlasste Grein im Jahr 2007, die Museumsleitung abzugeben.

Seit dem Frühjahr 2011 ist die umfangreiche Sammlung von Trachten und Gegenständen des Brauchtums im leerstehenden Amtsgericht Dieburg eingelagert. Die Ausstellung soll zukünftig im Hessenpark in Neu-Anspach untergebracht werden. Dazu müssen aber weitere Magazine errichtet werden und dafür fehlt momentan das Geld.

Die erste Auszeichnung, die Grein erhielt, war der Europäische Volkskundepreis im Jahr 1990, initiiert durch die Töpfer-Stiftung in Hamburg. Dieser Preis wird nur alle paar Jahre und international verliehen. Ein Jahr später folgte der hessische Kulturpreis. Im Jahr 2002 krönte das Bundesverdienstkreuz am Bande die Reihe von Greins Auszeichnungen.

Zu seiner Leidenschaft, dem Sammeln alter Gegenstände, kam die hessische Babbelschnut, die am 16. Dezember 1944 in Langen bei Frankfurt zur Welt kam, durch den Großvater. Dieser hatte einen alten Dreschflegel, mit dem Greins Urgroßmutter aufgrund der Erblindung ihres Mannes, eines Gemeindekuhhirten, von Hof zu Hof lohndreschen gegangen war. Eigentlich wollte der Großvater das Gerät wegwerfen, doch das wusste Grein zu verhindern. Und so gab das alte Arbeitsgerät den Startschuss für die bis dato anhaltende Sammelbegeisterung. Noch heute ist der Dreschflegel Bestandteil der Sammlung.

Im Gegensatz zu Greins Wunsch, Dinge zu erhalten, waren seine Eltern sehr modernistisch eingestellt und erneuerten ihren gesamten Hausstand in der Wirtschaftswunderzeit der 50er-Jahre. Sie betrachteten die Sammelleidenschaften ihres Sohnes mit Argwohn. Aber „sie haben mich gewähren lassen". Er war Einzelkind. Verwöhnt, schon fast verzogen, der „Augapfel meines Großvaters".

Doch Gehör und Förderung für seine Leidenschaft erhielt er durch den damaligen Leiter des Dreieich-Museums, den er mit zwölf Jahren kennenlernte. Durch sein

Engagement wurde Grein schon fast als dessen Nachfolger gehandelt. Doch mit 18 Jahren war Grein hierfür noch zu jung.

1959–1961 absolvierte er eine Ausbildung als Verwaltungslehrling beim Landkreis Offenbach. Anschließend war Grein in der Verwaltung angestellt und später in der Jugendpflege im Einsatz.

In die Presse gelangte Grein 1966 als einer der ersten Kriegsdienstverweigerer. Um seine Interessen durchzusetzen, lief er mit einem Transparent mit der Aufschrift „Ein Beisitzer des Prüfungsausschusses für Kriegsdienstverweigerer forderte von mir dieses Schild: Ich bin Kriegsdienstverweigerer, schlagt mich tot“ durch die Darmstädter Innenstadt. Im selben Jahr machte er sein Examen als Sozialarbeiter und war ab 1970 Kreisjugendpfleger im Landkreis Offenbach. 1977 wurde er Kulturamtsleiter der Stadt Langen. Diese Zeit bezeichnet er als schönste, traumhafteste Zeit seines beruflichen Lebens. Hier konnte er alle seine Ideen und Pläne umsetzen. Er organisierte Ausstellungen, engagierte sich für die Aufarbeitung der Langener Stadtgeschichte und den Aufbau des Stadtmuseums Langen. Motiviert und agil kam Grein 1988 nach Groß-Umstadt und wurde dort schließlich Kulturamtsleiter. Im Fokus stand auch hier wieder die Bewahrung von regionaler Geschichte und Tradition. Doch hier konnte er seine Kreativität nicht ausleben. Er wurde zwar gemocht, aber man sah ihn „als bunten Vogel in der verbackenen Verwaltung“. Nach zwei Jahren hatte Grein dann genug und verabschiedete sich von dem Groß-Umstädter Bürgermeister, mit dem er heute freundschaftlich verbunden ist.

2007 ging Grein formal in den Ruhestand, doch davon ist er im eigentlichen Sinne weit entfernt. Seit dieser Zeit hält er nun Vorträge in hessischer Mundart, veranstaltet Märchenabende und organisiert Führungen als „Nachtwächter“ im Kostüm eines Stadtschultheißen aus dem 18. Jahrhundert durch Groß-Umstadt, Dreieichenhain und Langen. In seiner traditionellen Kostümierung erzählt er viele kleine Anekdoten. Bedächtig lässt er seine im Durchschnitt 30 Zuhörer zählenden Gruppen in die historisch so vielfältige Umgebung eintauchen und die nächtliche Wanderung zu einem besonderen Erlebnis werden. Als Grein einmal per Zeitungsannonce zum Rundgang einlud, kamen rund 150 Geschichtsinteressierte auf den Groß-Umstädter Marktplatz. Greins Reaktion darauf: „Da dachte ich mir, da musst du jetzt die Arschbacken zusammenpetzen und laut sprechen.“

Das Kostümieren ist eine Leidenschaft Greins: „Ich hab keinen einzigen Anzug im Schrank, aber vier Barockkostüme." Ein weiterer Anlass für alte Kostümierungen ist die alljährliche Fahrt zum Karneval nach Venedig. Ein absoluter kultureller Höhepunkt, den Grein zusammen mit seinem Lebenspartner Bert Alles, mit dem er schon seit 43 Jahren glücklich liiert ist, seit 2002 mit großer Freude begeht. In aufwendigen Kostümen flanieren sie über den Markusplatz und genießen das Bad in der Menge von Tausenden von Schaulustigen: „Wir stehen immer unter den Arkaden und posieren." Auch hier geht es wieder um seine Leidenschaft, doch diesmal ist es nicht Grein, sondern das Blitzlichtgewitter der internationalen Fotografen, das das traditionelle Besondere konserviert und für ewig bewahrt.

10 Fragen

Was fällt Ihnen zu den Begriffen Ruhestand und Lebensabend ein?
Gar nichts!

Was motiviert Sie, nicht die Füße hochzulegen, sondern die Ärmel weiterhin hochzukrempeln?
Ich bin mittendrin im Geschehen.

„Wer rastet, der rostet" – ist das richtig?
Ja.

Wenn ich heute noch mal 20 wäre, würde ich …
… manches anders machen. Freier agieren, weniger wissenschaftlich, mehr unterhalten.

Ich habe noch folgende Träume, die ich mir noch erfüllen möchte …
Weiterhin jedes Jahr zum Karneval nach Venedig zu fahren.

Die Rente mit 67 ist für mich …
… absurd. Sie dient nur dazu, das Renteneintrittsalter künstlich zu verlängern. Das nützt den Rentenkassen.

Entspannung heißt für mich …
Wenn ich eine Ausstellung aufbaue.

Hat Sie Ihre jetzige neue Tätigkeit verändert?
Überhaupt nicht.

Was sind die wichtigsten Dinge am Tag?
Lange ausschlafen, spät frühstücken und arbeiten.

Was können Sie Gleichgesinnten raten?
Sich zu motivieren, sich einzubringen und Ehrenämter anzunehmen.

Bambini brauchen Kultur

Rosa Maria Liguori, Vorsitzende des Vereins "Italiani in Deutschland – Freunde des Italienischen Kulturinstitutes e. V.", setzt sich für die Integration und Bildung von italienischen Kindern in Frankfurt ein

Es ist Pfingstsamstag, das Wetter ist sommerlich warm und am Frankfurter Museumsufer herrscht buntes Treiben. Voller Erwartung steht die quirlige Italienerin Rosa Maria Liguori vor dem Eingang des Museums für Kommunikation. Wie viele italienische und deutsche Kinder heute wohl kommen werden? Gerade als sie sich diesem kurzen Gedanken widmet, trudeln auch schon die kleinen und großen Museumsliebhaber ein. Neugierig erobern die zwölf Bambini die Ausstellung „Fashion Talks", die sich mit der Sprache und Aussagekraft von Mode befasst. In den kommenden zwei Stunden werden sie gemeinsam mit Rosa Maria und einer Kunsthistorikerin – auf Deutsch und Italienisch – in das „dolce vita" der Modewelt eintauchen. Das Highlight ist jedoch der Besuch der museums-eigenen Kinderwerkstatt, in der die Kleinen dann selbst gestalten können.

Mit ihrem Projekt „l'Italia a Francoforte" – Francoforte è la mia città" will Rosa Maria den Kindern und ihren Eltern die Werte der italienischen Kultur, die auch in Frankfurt zu finden sind, aufzeigen. Unter der Schirmherrschaft des Frankfurter Kulturamtes und des Vereins „Italiani in Deutschland e. V." laden zehn Frankfurter Museen 15-mal im Jahr italienische Familien und ihre Freunde ein, zweisprachig die Ausstellungen zu entdecken. Ziel ist es, die kulturellen Horizonte zu erweitern und das gegenseitige Verständnis zu erleichtern, ebenso wie das Gefühl der Zugehörigkeit zum kulturellen Leben der Stadt Frankfurt zu vermitteln. „Die Förderung der kulturellen Identität ist der Schlüssel zur Integration", begründet Rosa Maria ihr jahrzehntelanges Engagement.

Geboren in Tivoli bei Rom, wuchs Rosa Maria Liguori mit zwei jüngeren Brüdern gut behütet und in wohlsituierten Verhältnissen auf. Ihr Vater war niedergelassener Arzt, ihre Mutter – heute 99 Jahre alt – kommt aus einer patriarchalischen Gutsherrenfamilie. Doch als 1947 die Familie nach Rom umzog, war Rosa Maria plötzlich eine von vielen – neu und unbekannt. Ihren Unmut darüber ließ sie im Unterricht aus. „Die Schule war das Theater meiner Rebellion“, erinnert sie sich. Mit dem Wunsch nach Anerkennung und Aufmerksamkeit widersetzte sich die kleine Rebellin ihren Lehrern. Als Konsequenz kam Rosa Maria in eine von Nonnen geführte Privatschule. Hier traf sie auf eine Lehrerin, die sie verstand und unterstützte.

Nach dem Abitur studierte sie Philologie an der Universität in Rom und war nach Abschluss des Studiums zwei Semester lang Assistentin ihres Professors. Doch dann rief sie der Direktor ihrer früheren Schule an und machte ihr das Angebot, an seinem Gymnasium als Lehrerin zu arbeiten. Dieses Angebot nahm sie an und hatte nach ein paar Anfangsschwierigkeiten (der Altersabstand zwischen den Oberstufenschülern und der Anfang-20-jährigen Rosa war gering und sie musste sich Respekt verschaffen) viel Freude am Unterrichten. In kurzer Zeit entwickelte sie mit ihrer Klasse eine gleichwertige Gemeinschaft mit dem Ziel einer kritischen Beteiligung am politischen Geschehen – es war die Zeit der Protestbewegung.

1966 heiratete sie einen ihrer Ex-Schüler. Aus der Ehe gingen zwei Kinder hervor. Als die Kinder sieben und acht Jahre alt waren, zog sie mit der Familie von Rom nach Kronberg bei Frankfurt. Nach einem Jahr zu Hause machte sie ein Examen in Rom, um den Posten der Direktorin des Schulamtes im italienischen Generalkonsulat in Frankfurt zu beziehen. Im Rahmen dieser Tätigkeit entwickelte sie ein Projekt, das italienische Kinder bei sprachlichen Problemen in der deutschen Schule unterstützen sollte. Der damalige Kultusminister Hartmut Holzapfel stand Pate für das Engagement in Hessen, das später bundesweit umgesetzt wurde. Insgesamt betreute Rosa Maria dieses Projekt zwölf Jahre lang.

1995 begann die Philologin für die Einführung der deutsch-italienischen Schule in Frankfurt zu kämpfen. (Zwei Lehrerinnen unterrichten im Tandem, von der ersten Klasse an.) Die Initiative traf auf enorme Akzeptanz. Es war das erste Projekt dieser Art im Rhein-Main-Gebiet. „Durch den bilingualen Unterricht erhalten die Schüler

ein starkes Selbstwertgefühl", sagt Rosa Maria über ihren Einsatz für den zweisprachigen Unterricht. In Frankfurt haben heute zwei Grundschulen und ein Gymnasium einen bilingualen Zweig.

Die rührige Römerin war auch politisch aktiv, sowohl auf italienischer als auch auf deutscher Seite: 1997 zog sie als Stadtverordnete der SPD in den Frankfurter Römer. In ihrer neunjährigen Mandatszeit setzte sie sich für Ganztagsschulen, die Abschaffung der Sonderschule und für kostenlose Kindergartenplätze ein. Auf italienischer Seite wurde sie im Jahr 2004 zur Vizepräsidentin des „ComItEs" (politische Vertretung der Italiener im Ausland) gewählt, bei dem sie für Schule, Kultur und Frauengleichstellung verantwortlich ist. „Seit 30 Jahren sind Kinder der Mittelpunkt meiner Arbeit und meines Lebens", erklärt sie ihren unermüdlichen Einsatz für Bildung und Integration.

Im Jahr 2000 trat Rosa Maria in den formellen Ruhestand ein. Aber sich auf die Couch zu legen und nichts zu tun, ist nicht ihr Ding. „Ich kann nicht leben ohne Projekte", so die rührige Italienerin. Seit 2008 ist sie zudem Vorsitzende des Vereins „Italiani in Deutschland – Freunde des Italienischen Kulturinstitutes e. V." Für ihren Einsatz zur Förderung von Kultur und Sprache bekam sie 2006 das italienische Verdienstkreuz „Cavaliere della Repubblica Italiana" verliehen.

Seit vielen Jahren ist sie mit ihrem Lebensgefährten zusammen. Über ihre Beziehung sagt sie dankbar: „Wir sind beide verliebt und respektieren uns gegenseitig." An zwei Tagen in der Woche ist sie als Oma im Einsatz und lernt Latein mit einem ihrer fünf Enkel. Jeden Morgen macht sie sich nach einem Espresso auf den Weg in die Räume des Vereins. Hier verbringt sie täglich drei bis fünf Stunden, koordiniert Sprachkurse für das italienische Kulturinstitut und plant ihre Projekte.

Am Abend sitzt Rosa Maria auf ihrem Balkon im Westend, dessen grüne Aussicht ihr viel bedeutet. Mit Freude denkt sie schon an den nächsten Museumsbesuch. Wie viele Bambini wohl nächstes Mal kommen werden? Sie ist optimistisch, dass das Engagement für die Integration sich lohnt: „Ich warte noch auf die europäische Staatsbürgerschaft", lacht sie und blickt entspannt ins Grüne.

10 Fragen

10 FRAGEN

Was fällt Ihnen zu den Begriffen Ruhestand und Lebensabend ein?
Ich seh kein Unterschied zwischen vor 20 Jahren und jetzt.

Was motiviert Sie, nicht die Füße hochzulegen, sondern die Ärmel weiterhin hochzukrempeln?
Ich bin sicher, wenn ich sterben wollte, bliebe ich zu Hause und würde die Füße hochlegen.

„Wer rastet, der rostet" – ist das richtig?
Ja.

Wenn ich heute noch mal 20 wäre, würde ich ...
... mehr Fremdsprachen lernen.

Ich habe noch folgende Träume, die ich mir noch erfüllen möchte ...
Den Garten in meinem Heimatort in Italien zu bepflanzen und zu bebauen.

Die Rente mit 67 ist für mich ...
Zu früh, außer für körperliche Arbeiten.

Entspannung heißt für mich ...
Mit Wolfgang essen und spazieren gehen und meine Enkel.

Hat Sie Ihre jetzige neue Tätigkeit verändert?
Nein.

Was sind die wichtigsten Dinge am Tag?
Dass die Arbeit gut läuft, dass meine Kinder glücklich sind.

Was können Sie Gleichgesinnten raten?
Arbeit ist ein Geschenk, man bleibt vital, wenn man ein Ziel hat.

Das Theater des Lebens

Wolfgang Kaus, 77, liebt die Dichtung, führt Regie und schreibt an seinem dritten Buch

Gerade legt das Schiff in St. Thomas in US Virgin Islands an – an Bord: Wolfgang Kaus. Hinter ihm liegen zwei wunderschöne gemeinsame Wochen mit seiner Schwester und ihrem Mann aus Kanada, mit denen er einmal im Jahr die Karibik durchkreuzt. Auf seinen Reisen nimmt sich der passionierte Autor und Regisseur gerne Zeit fürs Schreiben. So war es auch bei seiner Autobiografie „Mensche gibt's, all sin se anners", die er im Jahr 2009 verfasste. Wolfgang Kaus liebt es, zu reisen. Er verbindet „die Ferne mit der Nähe", und das bedeutet für ihn, „die Heimat zu verstehen. Es ist daher nicht wichtig, zu verreisen, wichtig ist, nach Hause zu kommen, und um heimzukommen, muss man eben wegfahren."

Geboren am 23. Juli 1935, als drittes von vier Kindern, wuchs Wolfgang Kaus in Hofheim am Taunus auf. Schon zu Schulzeiten liebte er Sprache und Literatur und hatte den Wunsch, Schauspieler zu werden. Seine ersten Erfahrungen vor Publikum machte Kaus schon im Alter von 13 Jahren als Kandidat bei dem HR-Hörfunkratespiel „Doppelt oder nichts" mit Just Scheu. Er tat sich hier als bester Rater des Abends hervor, da er insbesondere alle filmspezifischen Fragen richtig beantwortete. Hierfür gab es eine Tonne Braunkohle, dank der seine Familie in jenem Winter nicht frieren musste.

Nach der Mittleren Reife und einer Lehre als Industriekaufmann bei der Deutschen Philips GmbH arbeitete er dort bis 1960 in der Schallplattenabteilung. Auf die Frage, was er von seinen Eltern und Großeltern geerbt habe, antwortet der Strebsame schmunzelnd: „Vom Vater die Ordnung, von der Mutter die Genialität, vom Opa die Sturheit, die habe ich selten gebraucht, aber die Genialität und die Disziplin." Drei Jahre nach seinem Rateerfolg wandte sich Kaus Ende 1951 in einem Brief an Just Scheu. Er bat ihn um Rat – Tenor war die Schauspielerei. Doch Just Scheu wies den damals 16 Jahre jungen Kaus auf die Schwierigkeiten und schlechten Perspektiven in diesem Geschäft hin: „Wenn Sie aber mit Gewalt nicht von Ihrem Entschluss zu bringen sind, so studieren Sie erstmal ein paar Monologe oder Szenen aus Klassikern ein – etwas, wovon Sie glauben, dass es Ihnen am besten liegt. Studieren Sie es nicht nur so, dass Sie es auswendig können, sondern mit allem Ausdruck, den Sie für richtig halten."

Gesagt, getan: Kaus studierte seine Rollen ein und bewarb sich bei der Paritätischen Prüfungskommission der Genossenschaft für Deutsche Bühnenangehörige in Frankfurt. Er bekam einen Termin und präsentierte sich voller Selbstvertrauen der Kommission. Doch niederschmetternd war die Antwort: „Es reiche nicht, ich solle in zwei Jahren wiederkommen", erinnert sich Kaus an einen der tragischsten Momente seiner Jugend. An der Niederlage hatte er sehr zu knabbern, dennoch brachte ihn das nicht von seinem Berufsziel ab. Über eine Bekannte landete Kaus an der Studentenbühne der Johann Wolfgang Goethe-Universität, an der er seine ersten schauspielerischen Erfahrungen sammelte.

Und dann versuchte Wolfgang Kaus es erneut und sprach ein zweites Mal vor der Prüfungskommission – er bestand mit Bravour. Auf die Frage, warum er beim ersten Mal durchgefallen sei, bekam der ergeizige Eleve zur Antwort: „Sie waren schlecht rasiert." Mit der bestandenen Prüfung in der Tasche besuchte Kaus von 1958 bis 1960 die Schauspielschule Hertha Genzmer in Wiesbaden. „Das war der Beginn meines eigentlichen Lebens", blickt der Goethe-Liebhaber gerne zurück. Ab 1961 folgten dann Engagements an den Städtischen Bühnen in Frankfurt, am Schwäbischen Landesschauspiel in Memmingen und am Schlosstheater Celle. Auch am Schauspielhaus Düsseldorf, am Thalia-Theater in Hamburg, am Fritz Rémond Theater in Frankfurt am Main und am Contra-Kreis-Theater in Bonn wirkte er als Schauspieler. Ebenso in etwa sechzig Fernsehproduktionen wie dem „Tatort" und dem „Fall für zwei".

Dann rief Liesel Christ ihn eines Tages an und sagte: „Morsche, Herr Kaus, hier ist die Liesel Christ, mir kenne uns doch. Was mache Se dann im Augeblick? Täte Se dann auch bei mir mal was inszenieren?" Kaus: „Ei ja, dann komm ich halt gleich."

Denn für ihn war klar: „Es gibt Punkte im Leben, da heißt es nicht mehr, was willst du machen, sondern, was kannst du machen?"

Kaus hatte an ein Dialekttheater wie das Frankfurter Volkstheater nie gedacht, er wollte eigentlich auch kein Regisseur werden, lieber ein beliebter und bekannter Schauspieler, den man auf der Straße erkennt und den die Leute mögen. Doch die Bekanntschaft mit Liesel Christ wurde für ihn zum Schlüsselerlebnis und er nahm die Herausforderung an. Sein erstes Stück im Volkstheater inszenierte er 1974. Daraus entstand eine lange Beziehung zu diesem Haus, 1976 wurde er Künstlerischer Leiter und blieb es 33 Jahre bis zu seinem Ruhestand am 31. Dezember 2007.

In ihrer jahrzehntelangen Zusammenarbeit haben Wolfgang Kaus und Liesel Christ das Volkstheater maßgeblich geprägt. Beide haben es sich zur Aufgabe gemacht, das Programm weiterzuentwickeln und Menschen, die nie ins Theater gegangen sind, zu animieren. „Mit Liesel Christ verband mich die gemeinsame Idee, nicht ein profanes Volkstheater zu machen, ein Theater, das nur bringt, was dem Publikum gefällt, sondern ein literarisches Volkstheater zu veranstalten." Hierzu gehörten unter anderem Stücke von Goethe, Shakespeare, Molière, die Kaus mit hessischem Dialekt versetzte - aber nie unter Niveau. „Ich kann komplizierte Sachen verständlich machen, ohne die Substanz zu verlieren, und habe mich mit den Dichtern dieser Welt befreundet und sie haben es gut mit mir gemeint."

Mehrfach wurde Wolfgang Kaus ausgezeichnet, mit der Ehrenplakette der Stadt Frankfurt 2004, 2001 mit der Frankfurter Latern, 2000 mit dem Stoltze-Preis und 1999 mit dem Ehrenpreis der Hessischen Apfelweinstraße für die Erhaltung des hessischen Brauchtums. Im Sommer 2005 hatte das Volkstheater mit seiner Inszenierung von „Anatevka" mit Tony Marshall in der Rolle des Milchmanns Tevje den größten Erfolg seiner Geschichte. 2007 folgte in Zusammenarbeit mit dem Hessischen Rundfunk das legendäre Kultstück „Dinner for One" in Wolfgang Kaus' Inszenierung und hessischer Fassung mit Margit Sponheimer als „Fräulein Sophie" und Walter Flamme als „Diener Johann", das für den Sylvesterabend 2007 im Hessischen Fernsehen aufgezeichnet wurde. Auch die Aufführungen des „Urfaust" und des „Jedermann" vor der Kulisse des Frankfurter Doms im Historischen Garten mit Ralf Bauer und Helmut Markwort gehören zu den Highlights seines Lebens. Zurückblickend meint Kaus: „Ich bin mit meinem Leben zufrieden, es ist nicht die große Karriere, die ich gemacht habe, dies ist nicht wichtig. Ich hatte die Möglichkeiten und die Gelegenheit, in einem Gebiet, das ich füllen konnte, meine Fähigkeiten so weiterzuentwickeln, dass ich nach jetzt 50 Jahren zufrieden bin, wie es gekommen ist. Ich sage immer, wer kann schon von sich behaupten, dass er fünf Jahrzehnte mit einem Beruf seinen Lebensunterhalt verdienen kann, der ihm Freude macht, der ihm sein Auskommen sichert, und dies mit einem Beruf, der schon immer unsicher war. Ich gönne mir alles, was nötig ist. Vieles ist nicht nötig, wenn Sie alles, was nicht nötig ist, lassen, reichts. Und wenns nötig ist, ham wirs."

Seit 2008 gehört Wolfgang Kaus nun zu den Ruheständlern, doch das empfindet er nicht so. Als freier Regisseur, Autor und Rezitator (u. a. Goethe und Stoltze) ist er heute noch aktiv.

Sein letztes Buch mit dem Titel „Ein Liebesgruß an Frankfurt" mit „Gedichten von Frankfurtern für Hiesige, Eigeplackte und sonstige Leut", das im Frühjahr 2012 der Öffentlichkeit vorgestellt wurde, ist seine Liebeserklärung an Frankfurt.

Bevor sich Kaus allerdings seinem größten aktuellen Projekt widmet, zieht er sich nochmal aufs Wasser zurück. Eine Kreuzfahrt durch die Ostsee wird ihm die nötige Energie geben, um im September 2012 in München das Stück „Gut gegen Nordwind", mit Ralf Bauer und Ann Cathrin Sudhoff, erfolgreich zu inszenieren. Am 15. Oktober findet dann in Nördlingen die Premiere statt. Ab Frühjahr 2013 wird das Stück in den Spielplan der „Komödie im Bayerischen Hof" in München übernommen.

„Das sind meine Pläne und Vorhaben. Ich glaube, es reicht. Und solange die Kraft vorhanden ist, all dies noch zu realisieren, kann ich doch nur dankbar sein", so der Bonvivant.

10 Fragen

Was fällt Ihnen zu den Begriffen Ruhestand und Lebensabend ein?
Nix, ich kann, ohne etwas zu tun, nicht sein.

Was motiviert Sie, nicht die Füße hochzulegen, sondern die Ärmel weiterhin hochzukrempeln?
Meine eigene Unruhe.

„Wer rastet, der rostet" – ist das richtig?
Da ist was dran, ich gehe jeden Morgen mit einer Hundegruppe durch den Grüneburgpark. Hab keine Zeit, mir Gedanken zu machen, wo es mir wehtut.

Wenn ich heute noch mal 20 wäre, würde ich ...
... Germanistik studieren, Musik und Sprachen – das hätte ich gerne als Fundament.

Ich habe noch folgende Träume, die ich mir noch erfüllen möchte ...
Bin zufrieden mit meinem Leben, wie es gelaufen ist, freue mich über alles, was noch kommt, und nehme es gerne an.

Die Rente mit 67 ist für mich ...
... das Selbstverständlichste auf der Welt.

Entspannung heißt für mich ...
Schaffen.

Hat Sie Ihre jetzige neue Tätigkeit verändert?
Alles entwickelt sich in jeder Lebensphase.

Was sind die wichtigsten Dinge am Tag?
Frühstücken.

Was können Sie Gleichgesinnten raten?
Steht aus eurem Sessel auf und macht was, wartet nicht auf das Schicksal.

Meine Kinder aus Kalkutta

Waltraud Huck, 69, und ihr Hilfsprojekt für die Ärmsten der Armen in Indien

Gerne erinnert sich Waltraud Huck an eine der vielen lustigen hessisch-deutsch-englischen Kommentare ihrer sehr geliebten Lucie aus Kalkutta – die sie und ihr Mann als ihre „indische Tochter" bezeichnen: „Mama, Othello mit seinem leg auf meinem Stuhl und mein ganz Meat weggebutzt." Othello war bis zu seinem Tod mit 15 Jahren der Familienhund, den das Ehepaar als den „besten Huck" bezeichnet. In einem unbeobachteten Moment stibitzte er Lucies geliebtes halbes Hähnchen.

Insgesamt siebenmal war das Mädchen aus Indien bei den Hucks in Obhut, siebenmal wurde sie operiert und sieben Monate dauerte ihr erster Aufenthalt. Das war auch nötig, da Lucies Oberschenkel von Eiter durchfressen war. Vom ersten Moment an, bei der Abholung am Flughafen Frankfurt, haben Hucks sie ins Herz geschlossen. Waltraud Huck und ihr Mann waren fasziniert von Lucies Augen, die sie trotz Lucies Behinderung anstrahlten.

Vor über 20 Jahren zog Waltraud Huck vor Gericht, bewaffnet mit einem Ordner voller Bilder körperlich entstellter Kinder. Doch kam sie nicht, um anzuklagen. Huck sprach mit Richtern und Staatsanwälten über das Leid der Kinder, erklärte, wie wichtig es wäre, ihnen zu helfen, und bat um Zuweisung von Geldauflagen. Es war die Arbeit von Professor Gottfried Lemperle und anderen Ärzten von Interplast Germany, die Huck dazu bewogen hatte, einen eigenen Förderverein zu gründen. Anfangs war sie sich gar nicht sicher, ob sie das könnte. Doch ihr Mann, Jochen, mit dem sie seit 45 Jahren verheiratet ist, bestärkte sie: „Komm, du kannst das, und ich helfe dir!" Im Oktober 1989 war es dann so weit. Zur Gründung von pro interplast Seligenstadt e. V. hatte Waltraud Huck 18 Mitglieder zusammen. Heute sind es fast 800, die die Projekte der ehrenamtlich tätigen Plastischen Chirurgen, Narkoseärzte und OP-Pfleger mit Beiträgen regelmäßig unterstützen. Die meist sehr armen Hilfsbedürftigen leiden unter extremen Verbrennungen, angeborenen Fehlbildungen, Tumoren und entsetzlichen Entstellungen. Müssen Kinder aufgrund der einfachen Bedingungen vor Ort in Deutschland operiert werden, holt Huck die kleinen Patienten, wenn es möglich ist, nach den Operationen zu sich nach Hause. Sie kocht für sie und gewährt ihnen Unterkunft, bis die Nachbehandlung abgeschlossen ist. Das kann Tage, mehrere Wochen oder auch Monate dauern. So war es auch in Lucies Fall.

Heute lebt Lucie in Indien, ist verheiratet und hat einen Sohn. Hucks verdankt sie sehr viel. Ihre deutschen Gasteltern hatten für Lucie eine Sparbüchse aufgestellt und haben immer für sie gesammelt. Die Ersparnisse ermöglichten ihr eine Schulbildung und eine Schneiderlehre, und als Lucie 2005 heiratete, konnten die Hucks ihr in Kalkutta ein kleines gemauertes Haus finanzieren. Neben Lucie beherbergte Familie Huck zahlreiche weitere Kinder, die in Deutschland operiert werden mussten. „Das Bett ist nie kalt geworden", lacht Waltraud Huck.

Geboren am 22. Mai 1943 in Sulzbach bei Aschaffenburg am Main, wuchs Waltraud Huck zusammen mit ihrer Mutter und ihrem Bruder auf – ihren Vater hat sie nie kennengelernt, er ist im Krieg geblieben. Schwer war für sie der spätere Verlust ihres Bruders, der tödlich verunglückte. Nach der Volksschule musste Huck Geld verdienen, damit das Haus, das die Mutter noch mit beiden Kindern gebaut hatte, abbezahlt werden konnte. Ihre Mutter heiratete noch einmal und bekam erneut einen Sohn. Später besuchte Huck auf Drängen ihres Stiefvaters eine Haushaltungsschule, die von Nonnen geleitet wurde. Doch das war nichts für Huck, sie hatte den Wunsch, Erzieherin zu werden. Die Voraussetzung hierfür war ein einjähriges Praktikum. So fing sie als Kindermädchen in einer Seligenstädter Brauerei-Familie an. Doch aus einem Jahr wurden sechseinhalb Jahre. Zuletzt arbeitete sie zwei Jahre lang als Telefonistin in der gleichen Brauerei.

1967 heiratete Waltraud Huck ihren Mann Jochen, den sie fünf Jahre zuvor kennengelernt hatte. Ein Jahr später kam ihr erster Sohn zur Welt, drei Jahre später folgte der zweite. Noch während ihrer zweiten Schwangerschaft warf ihre Brustkrebserkrankung erste gesundheitliche Schatten auf ihr Familienglück. Durch diese Erkrankung lernte sie Professor Lemperle (Gründer von Interplast Germany) ken-

nen und mit ihm seine ehrenamtliche Arbeit. 1994 flog Waltraud Huck zum ersten Mal mit einem Ärzteteam nach Indien, vorgewarnt von der Frau des Konsuls, dass die Bilder, die sie dort sehen würde, sie erschüttern könnten. Sie sah sich alle Einrichtungen von Mutter Teresa an und war geschockt. „Ich habe bei jedem Telefonat mit meinem Mann geheult", erinnert sie sich. „Ich wollte da nie wieder hin!" Anderthalb Jahre später entschied sie sich um und flog noch mal mit ihrem Mann nach Kalkutta. Bei dieser Reise hat sie „ihr Herz in Kalkutta verloren". Eine Audienz bei Mutter Teresa war für Waltraud und Jochen ein bewegender Höhepunkt ihrer gemeinsamen Reise.

Bis heute wurden ca. 25 000 Operationen finanziert. Außerdem wurde ein Röntgenraum eingerichtet, ein Heim für einhundert behinderte Kinder gebaut und ein Programm finanziert, mit dem arme Familien die Erstausstattung für ein kleines Gewerbe erhalten. In diesem Jahr hat Huck ihre sechste Spendenmillion angepeilt. Durch den Erfolg interessieren sich immer mehr Ärzte dafür, im Namen von pro interplast zu helfen. Ein Einsatz kann schnell 15 000 bis 20 000 Euro kosten. Seit neun Jahren arbeiten Hucks mit einem deutschen Arzt in Kalkutta zusammen, der die Kinder vor Ort operieren lässt, die deutschen Spender über die gegenwärtigen Verhältnisse informiert und Empfehlungen für Operationen ausspricht.

Zum 10. Geburtstag von pro interplast erhielt sie das Bundesverdienstkreuz am Bande und 2007 das Verdienstkreuz erster Klasse der Bundesrepublik Deutschland. „Ich wusste gar nicht, dass ich so ein guter Mensch bin“, sagt Waltraud Huck, von der Verleihung überwältigt.

Insgesamt 16-mal flog das Ehepaar Huck nach Indien, um sich über den Verbleib der Spenden zu informieren. Ende 2011 waren die beiden Wohltäter das letzte Mal in Indien, nach einem Herzinfarkt und zwei Handgelenksbrüchen musste Waltraud Huck eine Zwangspause einlegen. Über die Reise 2011 sagt sie: „Mit vielen Flecken auf der Seele sind mein Mann und ich wieder zu Hause, jedoch noch nicht ganz angekommen. Nach vier Jahren Zwangspause hatten wir doch Sehnsucht nach Kalkutta. Unsere erste Fahrt führte uns gleich wieder nach Howrah, der noch ärmeren Schwesterstadt von Kalkutta. Dort besuchten wir zuerst ‚unsere Tochter Lucie‘ mit ihrer Familie. Das Wiedersehen war sehr bewegend und so manche Träne floss. Dieses Zusammentreffen mit Lucie und vielen anderen kleinen Patienten ging doch sehr unter die Haut.“

Zurück zu Hause, hält der Arbeitsalltag auch gleich wieder Einzug. Nach einem ausführlichen gemeinsamen Frühstück begeben sich Waltraud und Jochen zielstrebig an ihre „Arbeitsplätze“ im hauseigenen Büro. Hier sitzen sie meistens bis 16 Uhr und bearbeiten eingehende Finanzierungsanfragen zu Operationen und Ärzteeinsätzen. Huck ist nie in einen formellen Ruhestand eingetreten. Die 69-Jährige hat beschlossen, bis 2014 ihre selbst gewählte Aufgabe als Vorsitzende von pro interplast mit Unterstützung ihres Mannes voll auszufüllen. Seit seinem Eintritt in den Ruhestand ist der ehemalige Polizeibeamte die rechte Hand seiner Frau. Ein befreundeter Arzt sagte über die Teamarbeit der beiden: „Sie ist das Herz und er ist der Kopf.“ Darauf erwidert Waltraud Huck liebevoll: „Man sollte schätzen, was man hat. Ich hole mir viel Rat bei meinem Mann und akzeptiere seine Tipps. Ich bin dankbar für ihn, das Beste, was mir auf der Welt geschehen ist, ist mein Mann!“

10 Fragen

Was fällt Ihnen zu den Begriffen Ruhestand und Lebensabend ein?
Nur im Sessel sitzen wollte ich nicht.

Was motiviert Sie, nicht die Füße hochzulegen, sondern die Ärmel weiterhin hochzukrempeln?
Weil ich denke, uns gehts gut. Das ist meine Motivation.

„Wer rastet, der rostet" – ist das richtig?
So ein bisschen Patina legt man dann schon an. Solange der Kopf mitmacht, sollte man dankbar sein.

Wenn ich heute noch mal 20 wäre, würde ich …
… versuchen, eine Berufsausbildung zu machen.

Ich habe noch folgende Träume, die ich mir noch erfüllen möchte …
Gesundheit, die nächsten Jahre ohne Schmerzen zu verbringen.

Die Rente mit 67 ist für mich …
Finde ich nicht gut.

Entspannung heißt für mich …
Lesen.

Hat Sie Ihre jetzige neue Tätigkeit verändert?
Ja, ich bin ungerechter geworden. Ich kann nicht mehr hören, wenn jemand jammert.

Was sind die wichtigsten Dinge am Tag?
Ein schönes Frühstück und abends ein schönes Essen mit meinem Mann.

Was können Sie Gleichgesinnten raten?
Sie sollen sich selbst nicht vergessen.

Ein fliegender Holländer erfindet sich neu

Abraham Casteleijn, 61, hat seine Berufung als Kleindarsteller, Komparse und Fotomodell gefunden

Langsam legt sich der Staub, der Schock steckt ihm noch in den Knochen, an seinem Kopf klafft eine große, blutende Wunde, die von zwei Sanitätern behandelt wird. Noch vor wenigen Minuten saß Abraham Casteleijn, als Ehrengast und Geschäftsmann, in der dritten Reihe einer ausgewählten Riege von Gästen und verfolgte die Rede der Gattin des Bundespräsidenten, auf einer Veranstaltung am Deutschen Eck in Koblenz.

Doch nur wenige Minuten später wurde die Ansprache abrupt unterbrochen: Eine Serie von Detonationen legte das Deutsche Eck in Schutt und Asche. Dann ging alles ganz schnell. Menschen schrien und rannten um ihr Leben, Abraham Casteleijn hielt sich den Kopf, bis die Sanitäter übernahmen. Dann meldete sich der Regisseur: „Cut, danke, die Szene ist im Kasten." Für den Komparsen Casteleijn ist jetzt Feierabend, seit heute morgen um 2:00 Uhr ist er auf den Beinen. Drehbeginn für die Actionserie eines großen deutschen Privatsenders war um 6:30 Uhr, jetzt ist es 21:00 Uhr, um 22:30 Uhr wird der Schauspiel-Novize endlich zu Hause in Gründau bei Hanau sein.

Für den Job als Komparse und Kleindarsteller muss man flexibel und spontan sein. Denn meistens erfährt man erst einen Tag vorher, ob, wann und wo man im Einsatz ist. So war es auch, als Abraham Casteleijn gestern Nachmittag die Zusage für seinen heutigen Einsatz an Rhein und Mosel erhielt. Da auch diese Nacht wieder kurz sein würde, packte er noch am selben Abend die gewünschten Klamotten zusammen und hängte sie in einem Kleidersack an die Tür seines Schlafzimmers. „Das mache ich immer so", ergänzt er mit leicht verschmitztem Lächeln.

Geboren am 25. Oktober 1951 in Haarlem in den Niederlanden, wuchs Abraham Casteleijn gut behütet auf. Sein Vater war Malermeister, seine Mutter Hausfrau. In den frühen Jahren seiner Kindheit zog die Familie einige Mal um. So wurde seine Schwester etwa 1958 in Hoogeveen geboren. In dem holländischen Ort Vogelenzang bei Zandvoort ging er zur Schule und machte die Mittlere Reife. Danach bewarb er sich bei der Fluggesellschaft KLM als Bodenpersonal, doch aufgrund der Ölkrise 1973 waren die Aussichten auf Beschäftigung nicht besonders gut. Bis auf die Lufthansa hatten seinerzeit alle Fluggesellschaften einen Einstellungsstopp verhängt. So zog es ihn nach Frankfurt. Nach sechswöchiger Ausbildung zum Flugbegleiter konnte er sein Fernweh stillen, da er sofort auf einem Jumbo eingesetzt wurde und nach kurzer Zeit auf einer Boeing 727 eine Reihe von Fernzielen anflog. Im Laufe seiner Karriere flog er auf der gesamten Lufthansa-Flotte und wurde 1985 Purser – Chef der Kabine. 1990 stieg er nochmals auf und bekam den Posten des Check-Pursers. Seine Aufgabe war nun die Ausbildung und Beurteilung von Pursern und Flugbegleitern.

Bis 1996 war der passionierte Flugbegleiter ständig in der weiten Welt unterwegs. Seinen Heimathafen hat er seit 34 Jahren bei seinem Partner Jürgen in Gründau. „Mit ihm bin ich seit zehn Jahren glücklich verheiratet." Unterwegs war er trotzdem gerne.

Bis zu dem Tag, als – wie alle zwei Jahre – der strenge medizinische Routinecheck auf dem Plan stand, mit der Diagnose permanentes Vorhofflimmern. Konsequenz: Er war fluguntauglich. Seinen Beruf nicht mehr ausüben zu können, mit 48 Jahren in den Vorruhestand zu müssen, war für Casteleijn sehr schwer. „Ich hatte Tränen in den Augen, als ich den Flughafen verlassen habe. Seitdem war ich nie wieder am Flughafen und bin auch nicht mehr geflogen", erklärt er leicht wehmütig seine damalige Situation. „Anfangs hatte ich Angst um mein Leben und fühlte mich auch nicht gut, weil ich nichts machen durfte und auch, weil ich erblich vorbelastet bin. Meine Eltern sind beide daran gestorben, mein Vater mit 67, meine Mutter mit 72."

Im Vorruhestand unterrichtete er unter anderem das Flugpersonal der Lufthansa in seiner Muttersprache. Außerdem begann er zu malen und übernahm ehrenamtliche Aufgaben, wie Besuchsdienste bei Senioren und Trauerbegleitung von Angehörigen. Das Zuhören und Begleiten ist für Abraham Casteleijn eine Herzensangelegenheit, er ist geprägt durch den frühen Tod seiner Eltern und auch durch die Pflege seiner 89-jährigen Schwiegermutter, die er täglich besucht.

Daneben beschloss er, wieder Sport zu treiben, und besucht seither das Fitness-Studio seines Wohnorts. „Durch die Bewegung geht es mir besser, das gilt auch für meinen Altersdiabetes, den ich durch den regelmäßigen Sport loswerden konnte", so Casteleijn voller Stolz.

2011 kam der Betreiber seines Fitnessclubs auf ihn zu und fragte, ob er Fotos von ihm machen könnte, da er ihn als Werbemodel für die Zielgruppe der über 50-Jährigen, der sogenannten „Best Ager", gewinnen wollte. Abraham Casteleijn stimmte zu und kam mit diesen Fotos auch in die örtliche Tageszeitung. Freunde brachten ihn daraufhin auf die Idee, sich als Fotomodell zu bewerben. Kurzerhand bewarb er sich mit seiner Mappe bei einigen Agenturen. Eines Tages meldete sich eine Frankfurter Agentur bei ihm und fragte ihn für einen Werbetrailerdreh an. Das war der Startschuss für seine Darsteller-Karriere: Im August 2011 hatte er seinen ersten

TV-Einsatz als Komparse für Sat.1. Der Job: nachts auf dem Willy-Brandt-Platz in Frankfurt stehend die Sat.1-Kugel anhimmeln. Der Dreh dauerte die ganze Nacht und Casteleijn bekam eine Vorstellung von der Dauer und dem Aufwand von Fernseh- und Filmproduktionen. Es folgten schnell weitere TV-Einsätze, diesmal für die ZDF-Serien „Ein Fall für zwei" und „Der Staatsanwalt". Drehort war diesmal Wiesbaden, hier sollte er nun einen Anwalt mimen. „Für Rollen als Anwalt und Richter werde ich oft gefragt, da ich ein Anzugtyp bin."

Mittlerweile nimmt er auch Sprechrollen für Studentenfilme an. Einerseits freut er sich, junge Filmschaffende zu unterstützen, andererseits kann er erste Erfahrungen mit Sprechrollen sammeln. Eine der Produktionen ist ein Kriegsfilm, der in Hirschhagen bei Kassel spielen wird. Dort wird er im Juni 2012 in die Rolle eines Polizisten schlüpfen, sein Outfit: ein geliehener Anzug von dem Opa einer Freundin. „Dieser Polizist ist ein blöder Typ, ich muss oft blöde Typen spielen", kommentiert Casteleijn schmunzelnd die zukünftige Rolle.

Um sich weiter zu verbessern und auch Sprechrollen zu ergattern, nimmt er seit Anfang 2012 Schauspielunterricht in Hanau.

Ein Highlight war bisher ein kurzer Dreh mit Heike Makatsch für die ARD, im September 2011. In dieser Szene musste er achtlos an der zusammengebrochenen Heike Makatsch vorbeigehen. „Das hat mir schon leid getan, ich bin niemand, der vorbeigeht. Blöde Leute spielen ist eine Herausforderung", sagt er mit leicht holländischem Akzent und freut sich auf seinen nächsten Einsatz. „Die Klamotten sind gepackt, der Kleidersack hängt auch schon an der Schlafzimmertür", lacht er.

10 Fragen

Was fällt Ihnen zu den Begriffen Ruhestand und Lebensabend ein?
Sehr weit weg!

Was motiviert Sie, nicht die Füße hochzulegen, sondern die Ärmel weiterhin hochzukrempeln?
Ich suche immer Kontakt mit Menschen.

„Wer rastet, der rostet" – ist das richtig?
Das ist richtig.

Wenn ich heute noch mal 20 wäre, würde ich …
… alles genau so wieder machen, nur früher mit der Schauspielerei anfangen.

Ich habe noch folgende Träume, die ich mir noch erfüllen möchte …
Eine richtige Rolle spielen, wo ich etwas sagen kann.

Die Rente mit 67 ist für mich …
Individuell unterschiedlich.

Entspannung heißt für mich …
Ich kann mich gar nicht entspannen.

Hat Sie Ihre jetzige neue Tätigkeit verändert?
Eigentlich schon, manchmal spiele ich Rollen, das merke ich dann.

Was sind die wichtigsten Dinge am Tag?
Neue Bewerbungen schreiben.

Was können Sie Gleichgesinnten raten?
Sie sollen sich was suchen, was ihnen Spaß macht.

200 200
189 189
164
1
3

Herr über Wasser und Wein

Wolfgang Schleicher, 73, ehemaliger Domänenrat, bringt Sommeliers das richtige Zusammenspiel von Wasser und Wein näher

Wolfgang Schleicher ist meistens schon früh auf den Beinen; oft beginnt sein Tag bereits vor 7:00 Uhr. Heute hat er sich auf den Weg von Mainz an den Neckar gemacht. 20 Sommeliers und Gastronomen sind zum Weingut Herzog von Württemberg nach Ludwigsburg gekommen, um den Ausführungen von Wolfgang Schleicher zum Thema Wasser und Wein zu lauschen. In seiner Funktion als Botschafter des Projektes „Selters und Wein" hält der Domänenrat a. D. hier eines seiner zahlreichen Sensorikseminare, um Gastronomen, Sommeliers und deren Nachwuchs die Harmonie von „Original Selters und Wein", die Steigerung der Aromenwahrnehmung des Weines in Verbindung mit diesem Mineralwasser, nahezubringen.

Doch wie wurde Schleicher zum Botschafter für die Paarungsidee Mineralwasser und Wein? Mineralwasser ist als Begleiter zum Wein in den letzen Jahren immer wichtiger geworden. Ende 2006, nach zwei Jahren Ruhestand, erhielt Schleicher einen Anruf der Radeberger-Gruppe, die ihn fragte, ob er sich für ein Projekt „Selters und Wein" begeistern könne, um die Marke durch erhöhte Präsenz in der weinaffinen Gastronomie zu fördern. Seit 2007 ist er nun Berater des Projektes, dessen Ziel die Entwicklung und der Aufbau eines „Harmoniebewusstseins" von Wasser und Wein in der Gastronomie ist. Mit diesem Thema reist Schleicher mit großer Begeisterung und Überzeugung durch die Lande, hält Seminare mit Sommeliers, Winzern und Gastronomen sowie im Rahmen des Schulungsprogramms des Deutschen Weininstitutes und wirbt für das sensorische Zusammenspiel der unterschiedlichen Mineralwässer des Hauses Selters mit Wein.

Doch Schleicher ist nicht nur ein Mann des Wassers, sondern viel mehr ein Experte des Weines. Am 1. Januar 1989 verlieh ihm Paul Alfons Fürst von Metternich-Winneburg auf Schloss Johannisberg im Rheingau den Titel „Domänenrat". Dieser Titel bezeichnet die Leitungsfunktion, sozusagen die Funktion eines geschäftsführenden Direktors. In staatlichen Domänen ist dieser Titel, der sich im Haus der Fürsten Metternich im Laufe der Jahrzehnte aus „Rentmeister" und „Domänenrentmeister" entwickelt hat, seit Langem abgeschafft.

Die Aufgabe des Domänenrates war für Schleicher mehr als nur ein Job: eine Berufung. Neugierig und wissbegierig, mit großem Engagement, arbeitete er sich in die historischen Zusammenhänge der Domäne Schloss Johannisberg und des Rheingaus ein. „All dieses hat mich fasziniert, hat mir eine wahnsinnige Freude gebracht für diesen Beruf. Ich habe einmal 180 verfallene Urlaubstage in der Kartei entdeckt und sie austragen lassen. Ich wollte sie nicht mehr sehen. Und als ich Ende 2004 wegging, waren es noch einmal 162 nicht angetretene Urlaubstage. Ich habe meiner Frau und den Kindern sehr viel gemeinsame Freizeit geraubt. Man muss ein Weingut leben. Man muss sich als Winzer vollständig einstellen auf die Witterungs- und Klimabedingungen und die weinbaulichen Erfordernisse. Und das haben wir alle auf Schloss Johannisberg geleistet."

Als er nach 35 Jahren auf Schloss Johannisberg mit annähernd 66 Jahren in den Ruhestand ging, fiel ihm der Abschied nicht leicht; und auch Rudolf August Oetker ließ ihn nur ungern gehen: „Was wollen Sie, aufhören wollen Sie? Was wollen Sie denn zu Hause, da stehen Sie doch nur rum." Hinter Schleicher lag eine Fülle von aufregenden Jahren, bemerkenswerten Ereignissen und außergewöhnlichen Personen. Er führte zum Beispiel Vladimir Putin, Roman Herzog, Joschka Fischer und dessen damaligen französischen Amtskollegen durch die Domäne und kredenzte ihnen bei Weinproben im historischen Keller erlesene Tropfen. Bleibende Erinnerungen sind die Stunden beim Gläschen Riesling mit dem Senior Rudolf August Oetker.

Und das alles, obwohl sich Schleicher bewusst war: „Der Domänenrat ist eigentlich ein Ereignis in meinem Leben, für das ich nicht geboren war." Doch für was wurde der letzte noch lebende Domänenrat im Rheingau geboren, als er 1939 im Kreis Diez an der Lahn das Licht der Welt erblickte?

Aufgewachsen in Mainz in einer bescheidenen Beamtenfamilie, begann der wissensdurstige Wolfgang Schleicher nach acht Jahren Volksschule, gezwungen durch die wirtschaftlichen Gegebenheiten und den Willen des Vaters, eine Lehre zum Schriftsetzer in einer Mainzer Etikettendruckerei. Gerne hätte Schleicher eine weiterführende Schule besucht, doch dafür fehlte der Familie das Geld, zumal anfangs in der französischen Besatzungszone hierfür Schulgeld erhoben wurde. Nach Abschluss seiner Lehre als Schriftsetzer riet ihm sein Lehrherr zu einer weiteren Ausbildung zum Druckereikaufmann. Für ihn war Schleicher ein aufgeschlossener Mitarbeiter mit einer Begabung zum Verkäufer. So ermutigte er ihn eines Tages, seine Aktentasche zu nehmen und in den angrenzenden Weinbaugebieten Rheingau und Rheinhessen für Druckereiaufträge zu werben.

Schleichers Fähigkeiten verhalfen ihm rasch zu guten Kontakten in der regionalen Weinwirtschaft. In kurzer Zeit gelang ihm der Aufbau eines stattlichen Kundenstammes. Dabei kam ihm überraschend ein Zufall zupass. Einer seiner Kunden, die zur Oetkergruppe gehörende Weinkellerei K. & F. Bliem in Rheinhessen, bot ihm die Stelle eines Assistenten Marketing und Vertrieb an. Anfangs hatte Schleicher Bedenken, da er mit der Weinwirtschaft nichts zu tun hatte und davon zunächst auch nichts verstand. Dennoch war sich die Geschäftsleitung wie auch die Personalentwicklung der Oetker-Gruppe sicher: „So jemanden wie Sie können wir hier gut gebrauchen."

1972 stieg Wolfgang Schleicher als Gesamtprokurist der Weinkellerei Bliem zum Mitglied der Geschäftsleitung auf und wurde im folgenden Jahr zum Geschäftsführer des ebenfalls zur Oetker-Gruppe gehörenden Weingutes G. H. von Mumm in Johannisberg im Rheingau ernannt. Als 1974 der 40 Jahre währende Abnahme-Vertrag eines Teiles der jährlichen Ernten der Domäneweine zwischen der Sektkellerei Fürst von Metternich und Schloss Johannisberg ausgelaufen war, entschlossen sich die beiden Partner mittels Anteilserwerb der Oetkergruppe an der Domäne zu einer langfristigen weiteren Zusammenarbeit.

Mit der anschließenden Verschmelzung der beiden Weingüter G. H. von Mumm und Schloss Johannisberg 1978 wurde Schleicher Geschäftsführer der neuen „Schloss Johannisberger Weingüterverwaltung". Während einer der häufigen Begegnungen zwischen Schleicher und Fürst von Metternich fragte dieser ihn eines Tages: „Was sind Sie hier eigentlich?" Schleicher antwortete: „Durchlaucht, ich bin hier der Geschäftsführer", worauf dieser etwas spaßig bemerkte: „Da sind Sie aber nicht viel. Sie sollten Domänenrat werden."

Anlässlich einer Weihnachtsfeier der Sektkellerei Söhnlein wurde Schleicher überraschend mitgeteilt, dass er soeben durch Fürst von Metternich zum Domänenrat ernannt worden sei. Die anschließende Gratulation gipfelte in der ihm unvergesslichen Bemerkung von Herrn Oetker: „Wissen Sie, was das Schönste daran ist, lieber Herr Domänenrat? Das kostet uns überhaupt nichts."

Schaut Wolfgang Schleicher zurück, so ist er mit Demut erfüllt und dankbar für seinen beständigen beruflichen Weg, auf dem ihn viel Glück begleitete. So heißt deshalb auch seine Lebensmaxime: „Nimm das Leben als Geschenk, lebe es in Verantwortung gegenüber der Schöpfung und bewahre die Werte unserer Kultur."

10 Fragen

Was fällt Ihnen zu den Begriffen Ruhestand und Lebensabend ein?
Als ich 60 Jahre alt wurde, habe ich mit Grausen daran gedacht und deshalb mit meiner Frau einen lebendigen Ruhestand geplant.

Was motiviert Sie, nicht die Füße hochzulegen, sondern die Ärmel weiterhin hochzukrempeln?
Der Mensch trägt Intelligenz und Kreativität in sich, die einen immer wieder auf den Weg bringt.

„Wer rastet, der rostet“ – ist das richtig?
Man sagt es so, das kann schon sein! Wenn etwas ungenutzt der Witterung ausgesetzt ist, rostet es.

Wenn ich heute noch mal 20 wäre, würde ich …
Studieren.

Ich habe noch folgende Träume, die ich mir noch erfüllen möchte …
Gesund und fit zu bleiben.

Die Rente mit 67 ist für mich …
… überhaupt keine Frage, bin mit 73 noch aktiv. Man sollte das Renteneintrittsalter den Menschen freistellen.

Entspannung heißt für mich …
Lesen.

Hat Sie Ihre jetzige neue Tätigkeit verändert?
Nein.

Was sind die wichtigsten Dinge am Tag?
Morgens eine überregionale Zeitung lesen und meine vier Enkel.

Was können Sie Gleichgesinnten raten?
Sich in der Gesellschaft zu engagieren, sich nicht in Egoismen zu verkriechen und der Gemeinschaft zu dienen.

Powerfrau mit Stimme und Präsenz

Gaby Reichardt, 74, kämpft im Vorstand des Mainzer Altenheims für die Belange der Bewohner

Ihren Einsatz und ihr Engagement für die Bewohner des Altenheims in Mainz erklärt Gaby Reichardt so: „Ich mache mich gerne unbeliebt, kämpfe für die alten Menschen, ich bin ja ihr Sprachrohr.“ Seit zwei Jahren sitzt sie im Heimbeirat und tritt für die Belange der Bewohner ein. Neben ihrem Temperament, das die ehemalige Theaterschauspielerin immer noch hat, ist ihre Stimme ihr Instrument. „Sentimental und vital“ – so wurde einst das Timbre ihrer Stimme beschrieben: „Solange ich sie noch habe, setze ich sie ein.“ Mit Hilfe dieser Stimme sammelt sie Spenden auf vielen Veranstaltungen und holt sich Hilfe bei Presse und Politik. Sie erreichte, dass für die denkmalgeschützte Kapelle des Altenheims eine Orgel gespendet und eine kaputtgegangene Turmuhr ersetzt wurde, ja sogar noch mehr: „Nach einem halben Jahr waren vier Turmuhren da – von jeder Seite einsehbar.“

Der Bezug zu den alten Menschen ist durch ihre Mutter entstanden, die ihre letzten Jahre in dem Altenheim in Mainz verbracht hat, und durch ihren Mann, den sie bis zu seinem Tod – zweieinhalb Jahre lang – jeden Tag dort besucht hat. Diese Zeit hat sie besonders geprägt. Ihr Mann – 25 Jahre älter – war auch ihr Intendant, der die junge Schauspielerin an das Staatstheater nach Mainz holte.

Bevor Gaby Reichardt und ihr damaliger Intendant und späterer Mann ein Paar wurden, kannten sie sich 11 Jahre, und sie waren 22 Jahre zusammen, als sie nach 33 Jahren heirateten. Die Zahl 11 hat somit eine ganz besondere Bedeutung für die Beziehung der beiden. „Bis zu seinem Tod ist er meine große Liebe geblieben“, sagt Gaby Reichardt. Sie hat ihren Mann drei Jahre zu Hause gepflegt, bis sie es körperlich nicht mehr schaffte und er in das Altenheim nach Mainz umzog. Durch ihre Erfahrung im Umgang mit Demenzkranken weiß sie um das Bedürfnis dieser Menschen nach Zuwendung. Ein Schlüsselerlebnis war die Begegnung mit einer alten Dame, die Reichardt aufforderte: „Streichel mich emol", was diese dann auch herzlich tat, obwohl sie die Frau nicht kannte.

Alles, was sie tut, macht sie mit viel Engagement und Herzblut. Schon im Alter von zehn Jahren wusste Reichardt, dass sie zum Theater wollte. Eine Aufführung von „Don Carlos" 1948, anlässlich der Wiedereröffnung der Paulskirche, zu der sie ihren Großvater, einen Kapellmeister und Pianisten, begleiten durfte, war die Initialzündung: „Mein Opa hatte zwei Ehrenkarten. Das war mein Schicksal."

Geboren am 8. Juni 1938, als Einzelkind in Frankfurt, hat sie den Krieg in seiner ganz bösen Form erlebt. „Ich war mit sieben noch nicht in der Schule, habe aber durch meine Oma Schreiben und Rechnen gelernt."

Ihre Großeltern haben sie mit dem Opern- und Theatervirus infiziert: „Bei mir war es wie ein Fieber, ich lernte als Kind Opernarien statt Volkslieder." Eigentlich wollte sie Opernsängerin werden, da sie aus einer Opernfamilie stammt. Dann bekam sie jedoch Diphtherie und eine Stimmbandlähmung – der Traum war geplatzt. Wie besessen verfolgte sie ihren Plan, ans Theater zu gehen, und besuchte nach dem Abitur, mit 18 Jahren, die Schauspielschule. Parallel dazu spielte Reichardt an der Studiobühne der Johann Wolfgang Goethe-Universität. 1956 schlüpfte sie in die Rolle der Viola in „Was ihr wollt". „Da hat mich der Intendant der Landesbühne Rhein-Main gesehen und mich zum Vorsprechen eingeladen und prompt engagiert", erinnert sich Reichhardt.

PIPER
Sergio Bambaren
Stella

Bei der Vorstellung des Stücks „Die Preußen kommen" von Ernst Nebhut und Just Scheu sah sie HR-Unterhaltungschef Hans-Otto Grünefeldt. Er engagierte die junge Schauspielerin für die Familienserie „Die Hesselbachs". Als Emmi Puchel spielte sie in 16 Folgen eine sentimentale, nah am Wasser gebaute Expeditionsangestellte. Fast jeder Zweite saß damals vor dem Fernsehempfänger und fieberte mit den Geschichten rund um Babba und Mama Hesselbach und ihre kleine Zeitungsdruckerei irgendwo im Hessischen mit. Doch für Reichardt war das Fernsehen keine große Liebe. „Ich habe die Kamera nie geliebt und wollte Figuren weiterentwickeln, das geht nun mal nur am Theater", so Gaby Reichardt über die Gründe ihres Ausstiegs bei den Hesselbachs.

Von 1969 bis 1999 war sie als Schauspielerin im Staatstheater Mainz fest engagiert. In Fernsehproduktionen wie „Tatort" und Sönke Wortmanns Komödie „Allein unter Frauen" schnupperte sie hin und wieder doch Fernsehluft. Bis in das Jahr 2000 war sie ein bekanntes Gesicht und eine noch bekanntere Stimme des Hessischen Rundfunks, für den sie weit über 1000 Sendungen in fast allen Hörfunkwellen moderierte. Dazu gehörte die Moderation der HR3-Sendung „Rasthaus", die später – in HR4 – umbenannt wurde in „Gude, Servus und Hallo". Anfangs hatte sie Angst vor der Moderation, „aber mein Mann sagte: ‚Ich glaube an dich, probiers doch mal.' Ich habe dann 986 Sendungen in 18 Jahren moderiert, ebenso die HR4-Sendung ‚Dazu braucht der Mensch Musik'." Ihre letzte Sendung moderierte sie 1997.

Das Theater hat sie 1999 verlassen. „Ich ging mit 61 Jahren in Rente, als ich gemerkt habe, das ist nicht mehr der Beruf, den ich mal gelernt habe", begründet Gaby Reichardt ihren Entschluss.

„Meine Großeltern haben gesagt: ‚Mach, was du willst, es ist wichtig, dass du Spaß hast an den Dingen, die du tust'." Genau das hat Reichardt auch getan und ist dankbar für ihr ausgefülltes, buntes und reiches Leben. Das gilt auch für das gemeinsame Leben mit ihrem Mann: „Mein Mann hat bis zum Schluss verstanden, wenn ich ihm sagte, dass ich ihn liebe, dann hat er genickt und die Lippen zum Kuss geschürzt." Ebenso ist sie dankbar für die Nähe der letzten Monate vor seinem Tod, die sehr intensiv waren, und dass sie ihn bis zum letzten Atemzug im Januar 2012, im Alter von 98 Jahren, begleiten konnte.

Heute empfindet sie ein „tolles Gefühl, für die alten Menschen was zu tun", und ist ein- bis zweimal die Woche im Altenheim. Ihr großes ehrenamtliches Engagement macht ihr Spaß, sie hält Lesungen und moderiert, organisiert viele Benfizveranstaltungen, wie Meditationen mit Musik und Texten. „Von den Menschen kommt viel zurück", erläutert sie ihre Motivation. Wenn sie dafür Gagen bekommt, dann spendet sie diese.

So lange Gaby Reichardt noch kann, wird sie sich für ältere Menschen engagieren: „Alter ist etwas Schönes. Man darf seine Meinung sagen und anecken", schmunzelt die resolute 74-Jährige.

10 Fragen

Was fällt Ihnen zu den Begriffen Ruhestand und Lebensabend ein?
Zeit für Dinge, die mir besonders Spaß machen.

Was motiviert Sie, nicht die Füße hochzulegen, sondern die Ärmel weiterhin hochzukrempeln?
Mein Temperament, ich bin ungeduldig.

„Wer rastet, der rostet" – ist das richtig?
Ja.

Wenn ich heute noch mal 20 wäre, würde ich …
… alles noch mal so machen.

Ich habe noch folgende Träume, die ich mir noch erfüllen möchte …
Keine Träume erfüllen, sondern sie mir erhalten.

Die Rente mit 67 ist für mich …
Das muss jeder mit sich selbst ausmachen.

Entspannung heißt für mich …
Auto fahren, Musik hören, am liebsten Klassik. Im Garten sitzen und die Störche beobachten.

Hat Sie Ihre jetzige neue Tätigkeit verändert?
Ich bin gelassener geworden und habe viel gelernt. Die Getriebenheit ist weg, es ist kein Zwang mehr.

Was sind die wichtigsten Dinge am Tag?
Den Tag zu gestalten, der Tag muss einen Inhalt haben.

Was können Sie Gleichgesinnten raten?
Gar nichts, das muss jeder selber wissen, jeder ist anders.

Mit eisernem Willen durchs ewige Eis

Norbert Kern, 72, sucht die Herausforderungen in Extremstsituationen vom Nord- bis zum Südpol

Am liebsten hätte Norbert Kern lauthals ausgerufen: „Papa, ich bin angekommen", als er am 21. Januar 2007 - nach 138 Kilometern - den Südpol erreichte. Damals war Kern 66 Jahre jung.

Am 28. Dezember 2006 reiste er in einer Lufthansamaschine über Santiago de Chile nach Punta Arenas. Dies war der Auftakt der Erfüllung seines Jugendtraumes, einer Expedition zum Südpol, mit vier Gefährten, die alle jünger waren und aus Russland, den USA, China und Schottland kamen. Am 26. Januar 2007 war er zurück in Frankfurt.

Ergriffen schildert Kern seine Emotionen, als er den Südpol erreichte: „Schon sehr früh sahen wir die ersten Umrisse der Gebäude der amerikanischen Amundsen-Scott-Station. Eine für mich unglaubliche Motivation zur Mobilisierung der letzten Kräfte. Nach 13 Stunden kamen wir endlich an. Blauer Himmel, wenig Wind, minus 40 Grad Celsius. Meine Gefühle waren einzigartig. Ich vergaß die Strapazen, die hinter mir lagen, und empfand Genugtuung und Freude, dass mein angegriffener Körper doch noch funktioniert." Damals hatte er schon ein künstliches Hüftgelenk.

Keine drei Monate später machte sich Kern erneut auf den Weg ins Eis - diesmal auf eine 178 Kilometer lange Wanderung zum Nordpol. Gemeinsam mit drei Amerikanern, einem Dänen und seinem Freund Jin Fei Bao, den er schon aus der Antarktis kannte, wollte er sich den zweiten Teil seines Jugendtraumes erfüllen. Dieses Ziel, den geografischen Nordpol, erreichte er am 27. April 2007.

Nach dieser Leistung erhielt Norbert Kern einen Eintrag in das Guinness-Buch der Rekorde als ältester Mensch, der beide Pole innerhalb eines Jahres auf Skiern erreicht hat. „Einmal auf dem Südpol und Nordpol zu stehen, war schon ein Wunschtraum mit 14 Jahren", so Kern, dessen Vater oft - inspiriert durch Scott, Amundsen und Shackleton - von diesen Abenteuern erzählte.

Geboren am 26. Juli 1940 im Riederwald in Frankfurt am Main, wuchs er mit acht Geschwistern in einfachen Verhältnissen auf. Sein Vater, ein gelernter Bankkaufmann und Kommunist, versteckte während des Zweiten Weltkrieges eine jüdische Familie und versuchte, sie neben der eigenen durchzubringen. „Von ihm habe ich meinen Willen zum Siegen", resümiert Kern demütig. Schon als Neunjähriger leistete Norbert Kern einen großen Beitrag zur Versorgung der Familie. Bis zum Alter von 19 Jahren stellte er mehrmals in der Woche Kegel in der benachbarten Kegelbahn auf, fuhr Brötchen und Zeitschriften für einen Lesezirkel aus und war für den Schrebergarten der Familie zuständig. „Ich wusste schon mit 15, dass ich mich einmal selbstständig machen will, um unabhängig zu sein." Schon früh wollte er hinaus in die weite Welt, daher hat er sich überlegt: „Was kannst du machen? So kam ich auf die Idee, Speditionskaufmann zu werden." Im Anschluss an die Ausbildung studierte er drei Semester an der Akademie für Welthandel.

Im Sport liegt der Ursprung seines Ehrgeizes. Kern war Handballprofi, spielte für die Offenbacher Kickers und die SG Dietzenbach in der Bundesliga bis zu seinem 36. Lebensjahr. Er verpasste kein Training, war der Tag auch noch so voll mit Terminen. Er lernte, ein Mannschaftsspieler zu werden und sich in ein Team einzuordnen. „Ich musste lernen zu gewinnen, ohne zu überziehen, und zu verlieren, ohne an mir selbst zu zweifeln, es vielmehr als Herausforderung für das nächste ‚Spiel' zu sehen."

Mit 18 Jahren lernte Norbert Kern seine Frau Matzel kennen. 1962 heirateten die beiden. Zu dieser Zeit war Kern der jüngste Niederlassungsleiter von American Express Deutschland. 1967 gründete er seine Firma Norbert H. Kern Internationale Spedition. Im selben Jahr wurde sein Sohn Thorsten geboren, drei Jahre später ergänzte Tochter Kirsten das Familienglück. Innerhalb weniger Jahre vergrößerte sich die Mitarbeiterzahl, es folgten Niederlassungen auf der ganzen Welt, bis Kerns

Spedition knapp 700 Mitarbeiter zählte. Nach zähen Verhandlungen entschloss sich Kern 1982 zur Fusion mit der Spedition Haniel. Nach dem Verkauf arbeitete er als geschäftsführender Gesellschafter bei Air Haniel, danach als Vorstand bei der Spedition Kühne & Nagel in der Schweiz. Doch dieses Engagement gab Kern nach kurzer Zeit wieder auf, da seine geliebte Frau Matzel an Brustkrebs erkrankte und er sich um sie kümmern wollte. Im August 1990 erlag seine Frau ihrem Kampf gegen den Krebs. Kern fiel in ein tiefes Loch. Ihr Verlust schmerzte ihn sehr. Lange Zeit konnte er sich ein Leben ohne Matzel nicht vorstellen. „Eine wunderschöne Zeit mit einem wunderbaren Partner war zu Ende. Für immer!" Die Gedanken an Matzel schmerzten. „Ich stellte mir die Frage nach dem Sinn des Weiterlebens. Meine Kinder halfen mir sehr in dieser Situation."

In dieser schweren Zeit erreichte ihn das Angebot, den Vorstandsbereich Güterverkehr der Deutschen Bahn zu übernehmen. „Und so trat ich eine neue Aufgabe an: Von 1992 bis 1994 war ich Mitglied des Vorstandes der Deutschen Bahn. Ich war gespannt auf die neuen Herausforderungen." In diese Zeit fiel auch die Zusammenführung der Deutschen Reichsbahn und der Deutschen Bundesbahn zur Deutschen Bahn. Damit verbunden war die „grausamste Tat" seiner beruflichen Laufbahn: die Freistellung von rund 100 000 Angestellten der Deutschen Reichsbahn. „Ich stand da ganz allein. Ich, als siebtes von neun Kindern, aus einer Kommunistenfamilie, sollte diesen Menschen sagen, dass die meisten von ihnen ihren Job verlieren."

1996 heiratete er seine zweite Frau Heide, die ihren Mann bei seinen Abenteuern mental unterstützt und ihn immer wieder ziehen lässt. Anstoß, seinen Jugendtraum endlich zu erfüllen, war die Diagnose „Prostatakrebs" im September 2005. „Als ich Ende 2005 und Anfang 2006 operiert wurde, fasste ich den Entschluss: Sollte ich nach den Nachuntersuchungen die Bestätigung erhalten, dass der Krebs aus meinem Körper ist, wollte ich die Traumexpedition in Angriff nehmen. Wenn ich es jetzt nicht anpacke, ist es zu spät."

Nach Süd- und Nordpol folgte 2008 die Überquerung des Inlandeises Grönlands. In 3200 Meter Höhe die 620 Kilometer lange Eiskappe zu überqueren, war für ihn das „Extremste", was er je erlebt hat. Ein für Grönland nicht unüblicher Sturm mit Windstärken bis 150 Stundenkilometer und starkem Schneefall brachte diese Expedition bis an die Grenze einer Katastrophe. Kern verlor sein Zelt, das unter der Schneelast zusammenbrach, und konnte sich in letzter Minute in das nahegelegene Zelt der chinesischen Freunde retten.

2011 sollte es dann die Besteigung des Kilimandscharo sein. Trotz der mittlerweile zwei neuen Hüftgelenke gab ihm sein Arzt grünes Licht für die Reise. „Ich bin vollkommen gesund, auch wenn ich ein kleines Ersatzteillager bin. Wieso also nicht?", so der Dietzenbacher entschlossen. Und wieder ging es für Kern sowie fünf weitere Männer bergauf – diesmal auf 5895 Meter Höhe.

Wenn der umtriebige Senior mal keine Berge erklimmt oder sich an den kältesten Zipfeln der Erde aufhält, hält er Motivationsvorträge vor Schulklassen und ist ehrenamtlich als Berater für seine Heimatstadt Dietzenbach tätig sowie als Berater diverser Unternehmen.

Der agile 72-Jährige hat noch lange nicht genug: „Ich habe vieles noch nicht gesehen." Für seine nächste große Herausforderung, die knapp 90 Kilometer lange Überquerung der Beringstraße von Alaska nach Sibirien, steht Norbert Kern auch schon in den Startlöchern. Bevor es allerdings so weit ist, trifft Kern sich zunächst mit seinen Weggefährten im Fernen Osten Russlands, in Oimjakon, dem statistisch kältesten Ort der Welt. Hier will er seine Fitness und Widerstandsfähigkeit erneut auf die Probe stellen. Seine Motivation: „Ich will wissen, was ich mir noch zutrauen kann, und mir meine Träume erfüllen. Ich bleibe dabei, so lange es mein Körper erlaubt."

Kern

10 Fragen

Was fällt Ihnen zu den Begriffen Ruhestand und Lebensabend ein?
Für mich weiter was unternehmen.

Was motiviert Sie, nicht die Füße hochzulegen, sondern die Ärmel weiterhin hochzukrempeln?
Unruhe in meinem Körper und Geist. Ich bin 72 und fühle mich wie 50.

„Wer rastet, der rostet" – ist das richtig?
Ja, das ist richtig.

Wenn ich heute noch mal 20 wäre, würde ich …
… gerne in der Handballnationalmannschaft spielen, ansonsten würde ich alles genauso machen.

Ich habe noch folgende Träume, die ich mir noch erfüllen möchte …
Durch die Beringstraße laufen, einen Trip zum Amazonas und reisen mit Familie und Freunden.

Die Rente mit 67 ist für mich …
Unfair für andere, für mich kein Thema.

Entspannung heißt für mich …
Spazierengehen, mit guten Freunden Karten spielen bei einem Gläschen Wein und meine kleine Enkeltochter.

Hat Sie Ihre jetzige neue Tätigkeit verändert?
Das müssen Sie meine Freunde fragen, ich sage nein. Ich bin stolz, dass ich das geschafft habe.

Was sind die wichtigsten Dinge am Tag?
Gemeinsam mit meiner Frau frühstücken, schwimmen und saunieren.

Was können Sie Gleichgesinnten raten?
Tut was, geistig arbeiten und sich fordern.

Kern

Lotsen im Dschungel des Gesundheitswesens

Manfred Pfeiffer, 75, und Mechtild Pfeiffer-Krahl, 72, helfen Patienten in ihrem Forum, die richtigen Entscheidungen zu treffen

Steht man vor dem zitronengelben Haus in einer Neubausiedlung des Mainzer Umlandes, springen einem sofort zwei Dinge ins Auge: Ein umfunktioniertes Fußgängerschild kündet von einer kinderreichen Familie. Auf der kleinen gepflegten Vorgartenfläche steht ein Fahnenmast, an dem die Deutschlandflagge normalerweise weht – doch heute ist es windstill. Es ist früher Sonntagmorgen, das Telefon klingelt. Mechtild Pfeiffer-Krahl springt aus dem Bett, schlaftrunken nimmt sie ab. Am anderen Ende der Leitung befindet sich jemand, der Informationen und Beratung über Durchblutungsstörungen in den Beinen haben möchte. Die Nummer hat der Anrufer aus einem Beitrag im Fernsehen. Auf Mechtilds Frage hin, ob er denn um diese Zeit arbeiten würde, antwortet dieser verwundert: „Nein, ich bin doch in Rente." Das sind Mechtild Pfeiffer-Krahl und Manfred Pfeiffer auch. Doch ruhig ist ihr Ruhestand mit Sicherheit nicht. Seit 1996 sind die Eheleute im Dienste der Gesundheit unterwegs.

Schwerpunkt ihrer ehrenamtlichen Initiative ist die Geschäftsführung des AVK-SELBSTHILFEGRUPPEN Bundesverbandes e. V., der Dachorganisation für Patienten mit einer chronischen peripheren arteriellen Verschlusskrankheit (im Volksmund „Schaufensterkrankheit" genannt).

Seit 1996 ist Manfred Pfeiffer zusätzlich für das von ihm mitbegründete Projekt „arteriomobil" verantwortlich. Hierbei handelt es sich um ein medizinisches Untersuchungsfahrzeug, das bis Ende 2011 im gesamten Bundesgebiet ehrenamtlich im Einsatz war, um der Bevölkerung kostenlose Durchblutungs-Vorsorgemessungen in den Beinen anzubieten. Im Laufe der Jahre wurden von ca. 21000 Zufalls-Probanden wertvolle anonyme Daten gesammelt, die vielfältig ausgewertet wurden. Es existiert keine vergleichbare offene Studie in der Bundesrepublik Deutschland.

Aufgrund seiner vielseitigen Erfahrung und jahrelangen Kontakte zu einflussreichen Persönlichkeiten im Gesundheitswesen erkannte Manfred die Notwendigkeit, für Patienten und Krankenversicherte eine Interessenvertretung zu installieren. Deshalb gründeten er und seine Frau im Dezember 2008 mit engagierten Mitstreitern „Das PatientenForum e. V." mit dem Ziel, die Position von Patienten und Versicherten im Gesundheitswesen zu stärken und ihnen mehr Mitspracherechte zu verschaffen. „Es kann nicht sein und so bleiben, dass die Patienten in der Öffentlichkeit noch immer unterrepräsentiert sind!" Der Bundesverband für Patienten- und Versicherteninteressen wird von einem kompetenten Expertenbeirat aus Medizinern, Apothekern, Juristen, Versicherungsfachleuten und fachspezifischen Laien unterstützt.

Startschuss für das gemeinsame Engagement der Eheleute in Selbsthilfegruppen waren die letzten vier Berufsjahre Manfred Pfeiffers (von 1992 bis 1996), in denen er für die Öffentlichkeitsarbeit eines Tochterunternehmens der Hoechst AG verantwortlich war. Seit Mechtild 1998 mit 57 Jahren aus gesundheitlichen Gründen vorzeitig in den Ruhestand ging, unterstützt sie ihren Ehemann als Vorstandsmitglied in den verschiedensten Projekten: sei es in Organisation und Beratung oder im Erarbeiten für den Laien verständlicher fachspezifischer Publikationen ihres Mannes.

Mechtild Pfeiffer-Krahl wurde am 4. Dezember 1940 als drittes von vier Mädchen in einer Bombennacht in Berlin geboren und wuchs bis 1953 in der DDR auf, was ihren Wunsch nach Freiheit und Demokratie prägte. Nach dem Volksaufstand am 17. Juni 1953 war es dann endlich so weit. Der Ausreise in den Westen, zusammen mit ihrer Mutter und den drei Geschwistern, stand nichts mehr im Weg. Es ging über Hannover nach Holzminden, dort wurden die Ausreisenden von ihrem Vater in Empfang genommen.

1982 ließ Mechtild sich von ihrem ersten Mann scheiden und schloss 1984 mit Manfred den Bund der Ehe. Mit ihm zog sie immer wieder gerne um – wegen seiner Karriere. Nachdem alle drei Kinder nicht mehr rund um die Uhr ihrer Obhut bedurften, bewarb sie sich auf eine Anzeige der Frankfurter Nachrichten, die nach freien

Hilfe zur Selbsthilfe
Suche nach einer Selbsthilfegruppe
Eigenmotivation

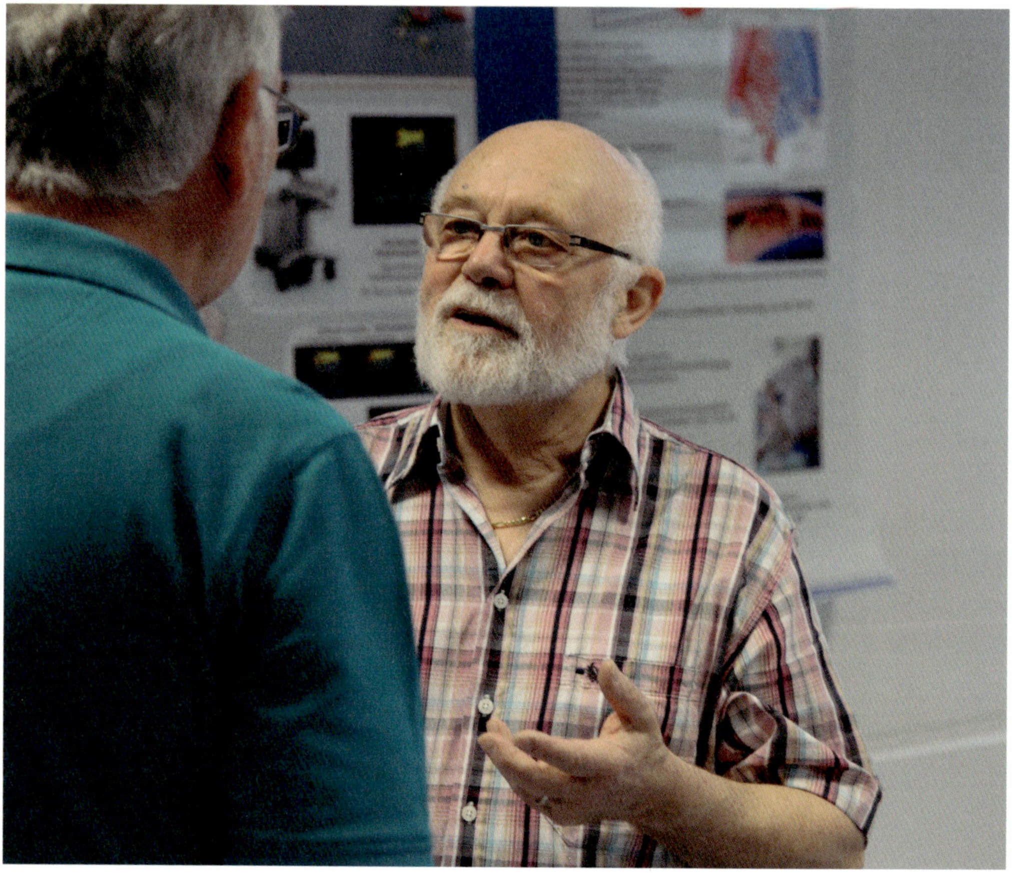

Mitarbeitern suchten. Nach Abgabe eines Probetextes wurde sie direkt engagiert. Dies war Mechtilds Seiteneinstieg in den Journalismus. Kurz danach wurde sie Redakteurin des Unterliederbacher Anzeigers in Frankfurt. Ein weiterer besonderer Erfolg war für Mechtild die Mitarbeit an einem Heimatbuch der heimatvertriebenen Banater Schwaben.

In jeder neuen Stadt ging sie ihrer besonderen Neigung, der Pressearbeit, nach, ob als freie Journalistin für Wochenzeitungen oder als Unterstützung für Landtagsabgeordnete in NRW und Hessen. Sie war immer neugierig und flexibel, „auf zu neuen Welten" heißt ihr Motto bis heute.

Geboren am 16. Oktober 1936 in Wiesbaden-Sonnenberg, machte Manfred Pfeiffer nach acht Jahren Volksschule von 1949 bis 1952 eine Lehre als Tischler und Thekenbauer. Eigentlich wollte er Kaufmann oder Lehrer werden, durfte aber kein Abitur machen, weil sein Vater wollte, dass er etwas Handwerkliches lernte.

Nach der Lehre ging Manfred als Polizeivollzugsbeamter zum Bundesgrenzschutz. 1956 kam er zur Bundeswehr, dort trat er die Stabsstelle für Personal und Sicherheit an, obwohl er kein Offizier war.

Später folgte eine Ausbildung zum Pharma-Referenten bei der Hoechst AG in Frankfurt; anschließend übernahm er die Vertriebsleitung Deutschland einer Tochtergesellschaft der Hoechst AG für pharmazeutische Produkte.

Manfred Pfeiffer wollte sich neben seinem Berufsleben auch für die Allgemeinheit engagieren und stieg deshalb 1970 in die Frankfurter Kommunal- und hessische Landespolitik ein. Er hatte jahrelang als Mandatsträger im Frankfurter Westen Sitz und Stimme und leitete unter anderem den Wahlkampf des Frankfurter CDU-Bundestagsabgeordneten Professor Heinz Riesenhuber. In dieser Zeit lernte Manfred seine heutige Frau Mechtild kennen. 1991 zogen Mechtild und Manfred nach mehreren beruflichen Zwischenstationen über Mannheim und Köln in ihr zitronengelbes Haus in Sörgenloch bei Mainz (für Mechtild die 16. Wohnung).

Hohe Anerkennung für sein ehrenamtliches Engagement wurde Manfred Pfeiffer 2008 zuteil, als er aus den Händen der rheinland-pfälzischen Gesundheitsministerin Malu Dreyer das ihm vom damaligen Bundespräsidenten Horst Köhler verliehene Bundesverdienstkreuz am Bande in Empfang nahm.

2011 feierten die beiden ihre Silberhochzeit, als eingespieltes Team leben sie den gemeinsamen Unruhestand. „Wir sind halt etwas exotisch, aber beide, sonst ginge das ja auch gar nicht", lächelt Mechtild und Manfred nickt zustimmend.

10 Fragen

Was fällt Ihnen zu den Begriffen Ruhestand und Lebensabend ein?
Sie: Viel Aktivität, schöne Dinge genießen.

Was motiviert Sie, nicht die Füße hochzulegen, sondern die Ärmel weiterhin hochzukrempeln?
Er: Sicher mein soziales Gewissen.

„Wer rastet, der rostet" – ist das richtig?
Sie: In jedem Fall.

Wenn wir heute noch mal 20 wären, würden wir …
Er: Lehrer werden. Sie: Alles genauso wieder machen.

Ich habe noch folgende Träume, die ich mir noch erfüllen möchte …
Sie: Deutschland zu bereisen.

Die Rente mit 67 ist für mich …
Er: Notwendig für den Sozialstaat Deutschland.

Entspannung heißt für uns …
Sie: In die Natur gehen, klassische Musik hören, Familie.
Er: Wenn ich in meinem Büro sitze und an aktuellen Dingen arbeite.

Hat Sie Ihre jetzige neue Tätigkeit verändert?
Er: Durch unsere zahlreichen Kontakte zu allen Bevölkerungsgruppen haben wir erkannt, dass sich viel mehr Menschen sozial engagieren, als die Öffentlichkeit wahrnimmt.

Was sind die wichtigsten Dinge am Tag?
Sie: Keine Probleme in der Großfamilie, Gesundheit und keine finanziellen Sorgen.
Er: Dass ich aufwache, aufstehe ohne Schmerzen, das es der Familie gut geht, meine Frau jeden Morgen in Liebe erwacht.

Was können Sie Gleichgesinnten raten?
Sie: Nicht loslassen, aktiv bleiben.
Er: Rechtzeitig auf den Ruhestand vorbereiten und tun, was einem Spaß macht.

AVK
SELBST
HILFE
GRUPPEN
Schaufensterkrankheit – ade !
Manfred Pfeiffer

Ein Uhrologe auf der Höhe der Zeit

Helmut Sinn, 95, Pilot, Erfinder und Entwickler von Fliegeruhren, will mit 103 in den Vorruhestand

Gerne kokettiert der 95-Jährige mit seinem hohen Alter, aber Alter schützt vor technischem Fortschritt nicht – Helmut Sinn skyped, mailt und pflegt seine Website. Auch im Ruhestand ist Helmut Sinn sehr diszipliniert: Jeden Morgen klingelt um sechs Uhr der Wecker. Spätestens um sieben sitzt Sinn geschniegelt und gebügelt mit einer Tasse Kaffee an seinem Mac-Computer.

E-Mails, Briefe und andere Korrespondenz beschäftigen den technisch versierten Geschäftsmann täglich mehrere Stunden. Denn der Verkauf von Uhren seiner jahrzehntealten Uhrensammlung hält ihn täglich auf Trab. Seinen Alltag hat das Rödelheimer Urgestein fest geregelt. Davon hält ihn auch nicht seine Wirbelsäulenverletzung ab, die er sich Ende des Zweiten Weltkriegs zugezogen hat. Er verzichtet auf die Einnahme von Medikamenten, Zucker, Salz und auch an einem Glas Rotwein erfreut er sich nur selten.

Sinn – der Name steht für hochwertige Armbanduhren. Nach dem Krieg suchte Sinn nach etwas, womit er Geld verdienen konnte, fliegen durfte er nicht mehr. „Die Uhren, die es bisher gab, waren nicht für die Fliegerei geeignet. Man flog damals nach Uhr, also brauchte man eine besonders genaue Uhr." Sein Ziel war es, eine Uhr zu kreieren, die ans Handgelenk oder als Bordinstrument in ein Flugzeug passen sollte. Sie sollte deshalb nicht größer als eine Faust sein und wenig Material beanspruchen.

Etwas später schloss er sich mit einem Fluglehrerfreund, der Uhrmacher war, zusammen. Mit 37 Jahren, mitten in der Wirtschaftswunderzeit, entwickelte Helmut Sinn seine eigenen Uhrenkonzepte. Der Bedarf an hochwertigen Zeitmessern war groß. So gründete er die Firma Sinn Spezialuhren Frankfurt am Main.

Das Beschaffungsprogramm der Bundeswehr 1955 hat Helmut Sinn mit seinen Borduhren ins große Geschäft gebracht. Sie wurden in die berühmt-berüchtigten Starfighter-Jets der Bundeswehr eingebaut. Danach konzipierte er eine Fliegerarmbanduhr für Piloten.

Trotz des Siegeszuges der Quartzuhren hielt Sinn ungebrochen an der Entwicklung mechanischer Uhren fest. Seine mechanischen Uhren flogen sogar mit ins Weltall. Sie erwiesen sich in der Schwerelosigkeit als sehr gut brauchbar und gaben ab den 80er-Jahren ESA-Astronauten die erforderliche Orientierung.

Als Sinn Ende 70 war, kam es mit den neuen Gesellschaftern seiner Firma zum Zerwürfnis, mehrere Gerichtsverfahren um die Sinn Spezialuhren Manufaktur folgten. Seine berühmte Firma und ein Großteil seines Vermögens waren weg. Mittlerweile war er 80 Jahre alt. Doch an Ruhestand dachte er nicht. Helmut Sinn brauchte Arbeit, das war der persönliche „Sinn" seines Lebens. 1995 übernahm er das Schweizer Traditionsunternehmen Guinand Watch Co. SA und gründete 1996 die Firma Jubilar Uhren in Frankfurt am Main. Auch hier blieb er seinem Motto „So perfekt wie möglich, aber nur so teuer wie nötig" treu. Bald begeisterte Sinn die Uhrenwelt erneut. Zusammen mit einem Lufthansa-Piloten entwickelte er den Guinand Slot-Timer (ein SLOT ist ein definierter Zeitraum – 15 Minuten –, in dem ein Flugzeug die Startbahn eines Flughafens nutzen darf). Einen weiteren Meilenstein setzte er zusammen mit seinem Geschäftsführer Horst Hassler durch die Fertigung der weltweit ersten mechanischen Armbanduhr, die neben der Lokalzeit vier frei wählbare Weltzeiten anzeigen kann.

Im Jahr 2007, im Alter von 91 Jahren, entschied Sinn, sich aus dem aktiven Geschäftsleben zurückzuziehen. Auch wenn er heute nicht mehr die kaufmännische Verantwortung trägt, steht Helmut Sinn wie eh und je seinen Kunden mit seinem bekannten Engagement zur Seite.

Zwei- bis dreimal in der Woche macht er sich auf zu seiner alten Firma Jubilar Uhren – nicht wenige Kunden legen Wert auf seine Präsenz und fachkundige Beratung.

Seine eigentliche Leidenschaft galt allerdings nicht den Uhren, sondern, von Kindesbeinen an, dem Fliegen. Fasziniert von den vorbeifliegenden Flugzeugen, schlich sich das Flüchtlingskind aus Metz täglich unerlaubt auf den elterlichen Dachboden. Hier fühlte er sich den über der Pfalz kreisenden französischen Flugzeugen näher. Ihm wurde bald klar: „Ich will Flieger werden. Ich habe Flugzeuge starten und landen gesehen – auch nachts. Das wollte ich auch können."

Im Alter von 20 Jahren, während seiner Ausbildungszeit bei der Wehrmacht, verbrachte er seine Freizeit mit dem Segelfliegen. Dies erhöhte seine Chancen bei der Bewerbung an der Fliegerschule der Luftwaffe. 1937 wurde Sinn zur Flugzeugführerschulung nach Quedlinburg abkommandiert. Ein Jahr später wechselte er zur Jagdfliegerschule. Dort lernte er wie besessen und wurde Aufklärer. 1942 musste Sinn aufgrund eines Motorschadens in einem abgeholzten Wald notlanden. Ein langer Krankenhausaufenthalt war die Folge. Nach seiner Genesung wurde er Blindfluglehrer bis kurz vor Ende des Krieges.

Später geriet er in amerikanische Gefangenschaft. Dort wurde ihm die Fluglaubnis entzogen. Sein neues Ziel: Frankfurt am Main. Helmut Sinn war nun 28 Jahre alt und hatte außer Pilot nichts gelernt – aber er hatte einen Plan: Uhren sollten seine Zukunft sein.

Trotz der zahlreichen Schicksalsschläge ist Sinn ein unverwüstliches Stehaufmännchen. „Man muss sich selbst immer wieder Mut machen", so einer seiner Lebensgrundsätze. Mit ungebrochenem Willen steckt er sich immer wieder neue realisierbare Ziele. Der selbst ernannte „Uhrologe" hält sich mit regelmäßigen geistigen und physischen Fitnessübungen aktiv – schließlich will Helmut Sinn mit 103 Jahren in den Vorruhestand gehen.

10 Fragen

Was fällt Ihnen zu den Begriffen Ruhestand und Lebensabend ein?
Nicht viel, ich wüsste nicht was ich da machen soll, ich bin es gewohnt aktiv zu sein.

Was motiviert Sie, nicht die Füße hochzulegen, sondern die Ärmel weiterhin hochzukrempeln?
Den Willen habe ich geerbt, nicht gegessen, gekauft oder gelesen.

„Wer rastet, der rostet“ – ist das richtig?
Das ist richtig – absolut!

Wenn ich heute noch mal 20 wäre, würde ich …
… auswandern, irgendwohin, wo immer Sonne ist.

Ich habe noch folgende Träume, die ich mir noch erfüllen möchte …
Eigentlich habe ich keine großen Träume mehr, nur dass ich mit den körperlichen Gebrechen über die Runden komme.

Die Rente mit 67 ist für mich …
… berechtigt. Durch den medizinischen Fortschritt haben die Menschen eine 20 Prozent höhere Lebenserwartung.

Entspannung heißt für mich …
Regelmäßig meine Atemübung zu machen. Ich spanne meine Muskulatur an und steige die Treppen bis in den siebten Stock.

Hat Sie Ihre jetzige neue Tätigkeit verändert?
Nein, ich bin meinem Lebensmotto – geistig rege und aktiv zu sein – treu geblieben.

Was sind die wichtigsten Dinge am Tag?
Genug zu essen zu haben, geistig fit zu sein und seine körperliche und seelische Gesundheit zu bewahren.

Was können Sie Gleichgesinnten raten?
Man muss den Willen haben, etwas zu machen. Geht wohin, seid nicht faul!

Auf vier Pfoten in ein neues Leben

Gisela Wertich, 69, rettet Beagles aus Tierversuchslaboren und vermittelt sie in ein neues Leben

Was für ein Gewusel! Erst einer, dann zwei, drei, vier, aus allen Richtungen kommen sie angelaufen und verschwinden auch schon wieder. Doch einer fällt sofort auf. Schnurstracks eilt er davon, ein baby-blaues Halstuch mit dem Aufdruck „Zuhause gesucht" baumelt um seinen Hals. Wasti ist einer von über 200 Beagles, die sich heute in Haiger-Burbach auf einem ehemaligen Truppenübungsplatz zu einem der größten bundesweiten Laborbeaglehunde-Treffen versammeln. Dass die 200 Hunde unbeschwert und friedlich mit ihren Artgenossen spielen können, unter Aufsicht ihrer Herrchen und Frauchen, ist Gisela Wertich und dem Verein Laborbeaglehilfe e. V. aus Langgöns bei Gießen zu verdanken. Als Vorsitzende setzt sie sich gemeinsam mit ihrem Team dafür ein, dass die Beagles nach ihrer Zeit in den Laboren der Pharmaunternehmen eine Chance auf ein zweites, neues Leben in Freiheit bekommen. Auch Wasti ist bereit für ein neues, glückliches Hundeleben. Er rennt und tollt mit seinen Artgenossen und schenkt den Zweibeinern erstmal keine große Beachtung. Alles riecht aufregend, nach vielen unterschiedlichen Duftmarken des umtriebigen Schnüffeltrupps.

Geboren am 21. April 1943 in Saarlouis, wuchs Gisela Wertich mit ihrer Mutter und ihrer älteren Schwester bis zum Alter von zwölf Jahren in Saarbrücken auf. Ihr Vater war im Krieg gefallen, als sie zwei Jahre alt war. Ihre Mutter, die nochmal geheiratet hat, starb, als Wertich 14 Jahre alt war. Es folgte der Umzug mit ihrer Schwester zu ihrer Tante nach Frankfurt am Main. Hier absolvierte sie nach dem Schulabschluss eine kaufmännische Lehre und im Anschluss eine Weiterbildung zur Haus- und Liegenschaftsverwalterin in einer Bank. 1981 heiratete Gisela Wertich ihren Mann, von dem sie alles rund um das Vereinswesen lernte und der sie unterstütze. Nach ein paar Jahren Berufserfahrung entschied sie sich zur Selbstständigkeit und eröffnete 1984 ein Schreibbüro in Frankfurt. Dieser berufliche Schritt erwies sich als richtig, das Geschäft florierte und sie konnte auch große Unternehmen zu ihren Kunden zählen.

Auf den Hund kam Wertich durch eine Annonce in der Zeitung. Ihre erste Beagle-Dame Bonnie zog 1985 ins Haus und schon war Wertich mit dem Beagle-Virus infiziert. Sie beschloss, sich im Tierschutz zu engagieren, und wurde sogar Vorsitzende der Tierherberge Egelsbach. 1990 zogen Wertichs nach Cleeberg bei Gießen um; dort bezogen sie ein Haus im Grünen mit viel Auslauf für Bonnie und verlegten das Schreibbüro nach Butzbach.

Acht Jahre später, 1998, erkrankte Gisela Wertich an Krebs und gab ihr Büro auf. Eines Tages, während der Chemotherapie, schaute sie im Krankenhaus aus dem Fenster und sah zwei Pfleger, die ein kleines Schwein in die Klinik trugen. Auf die Nachfrage, was das Tier in der Klinik mache, erhielt sie die Antwort, dass es für Versuchszwecke im hauseigenen Labor eingesetzt werde. Das machte sie neugierig, sie fing an, sich über Tierversuche zu informieren. Durch ihre Recherche erfuhr sie, dass vorzugsweise Beagles aufgrund ihrer guten Charaktereigenschaften und ihrer Robustheit für Testversuche in der Pharmabranche eingesetzt werden. Diese Tatsache schockierte Gisela Wertich sehr und brachte sie auf die Idee, sich für Laborbeagles zu engagieren. „Ich habe mein Leben so einem Beagle zu verdanken, da muss ich was zurückgeben und ich kann nicht aufgeben, ich habe noch so viel zu erledigen." Ihre geliebte Hündin Bonnie war gerade gestorben und sie wollte gerne wieder einen Hund.

Sie nahm Kontakt zu der Vereinigung „Tiere in Not“ auf, begann sich für Laborhunde einzusetzen und kam kurze Zeit später auch schon zu ihrer ersten Laborhündin Sara.

Die Laborhunde lernen erst in Freiheit all die Dinge, die normalerweise schon ein Welpe lernt, wie Leinenführigkeit und Stubenreinheit. Doch auch wenn die Hunde zunächst verschreckt sind, wenn sie in Freiheit sind, ist Gisela Wertich überzeugt: „Mit Zeit, Geduld und Liebe bekommt man alles hin!“

2006 erkrankte ihr Mann schwer und verstarb im Frühjahr 2008. Dankbar für die tröstliche Anwesenheit ihrer Beaglehündin Ida, ließ sie sich im November 2008 zur Vorsitzenden der Laborbeaglehilfe e. V. wählen, die ein Jahr zuvor gegründet worden war. Seither baut sie den Verein weiter auf und aus, organisiert Treffen und Fahrten und pflegt Kontakte zu den Pharmaunternehmen, um vielen Beagles ein zweites Leben nach dem Labor zu ermöglichen. Mittlerweile wurden über 1000 Hunde aus den Laboren geholt und in ein neues Leben vermittelt. Über 20 ehrenamtliche Mitarbeiter sind mit Herz und Freude im Einsatz für jede Hundeseele. Seit 2011 retten sie auch Tiere aus dem Ausland, wie Ungarn oder Italien.

Der Verein Laborbeaglehilfe finanziert sich aus den Schutzvertragsgebühren der neuen Hundebesitzer und aus Spenden. Davon werden Tierarztkosten, Futter und die Hundesteuer für Tiere auf Pflegestellen oder vor den Vermittlungen gezahlt. Bevor die Interessenten sich einen Laborhund ins Haus holen dürfen, müssen sie sich einem Haltercheck durch Gisela Wertich unterziehen. Sie klärt die potenziellen Halter über die Bedürfnisse und Eigenarten der Beagles auf. „Diese Tiere haben keine irreparablen, psychischen Schäden, dennoch ist vieles neu und anders als in ihrem

Leben davor", so Gisela Wertich. Auch erkundigt sie sich nach den Lebensumständen der Interessenten, denn: „Ein Beagle ist kein Hund für Couchpotatoes", erklärt die resolute Tierschützerin. Jeder Hund hat einen Steckbrief, der seine individuellen Charaktereigenschaften beschreibt und zur Orientierung und idealen Paarung führen soll.

Für ihren Einsatz wurde Gisela Wertich im Jahr 2008 mit dem Tierschutzpreis des Landes Hessen ausgezeichnet. Die Arbeit für die Tiere ist für sie sehr erfüllend: „Es ist meine Lebensaufgabe, diese Tiere zu retten."

Seit 2009 ist Hündin Noell ihre ständige Begleiterin. Die zwölf Jahre merkt man der kleinen Hundedame nicht an, wenn sie mit Gisela Wertich durch die Wälder streift oder im Garten tollt. Pünktlich um zehn vor neun geht es jeden Morgen Gassi, und ab halb elf sitzt Wertich im Büro, beantwortet Anfragen und hält Kontakt zu den Tierschutzbeauftragten der Pharmaunternehmen.

Einmal im Jahr findet das große Beagletreffen statt, das für Gisela Wertich viel Arbeit bedeutet, aber ihr auch viel zurückgibt: „All die glücklichen Hunde zu sehen, da weiß man, was man das Jahr über tut!", sagt sie zufrieden und glücklich. Für die passionierte Tierschützerin treffen die Worte von Franz von Assisi zu hundert Prozent zu: „Dass mir mein Hund das Liebste sei, sagst du, oh Mensch, sei Sünde, mein Hund ist mir im Sturme treu, der Mensch nicht mal im Winde." Langsam wird es Abend in Haiger-Burbach, erschöpft liegen Wasti und seine Kumpels auf der Wiese. Ein toller Tag für die Vierbeiner, mit einer Fülle an Eindrücken, die sie dank Gisela Wertich und ihrem Team erleben durften, neigt sich dem Ende zu.

Zuhause
gesucht

10 FRAGEN

10 Fragen

Was fällt Ihnen zu den Begriffen Ruhestand und Lebensabend ein?
Kann man genießen, aber trotzdem aktiv bleiben.

Was motiviert Sie, nicht die Füße hochzulegen, sondern die Ärmel weiterhin hochzukrempeln?
Dass ich ein Ergebnis meiner Arbeit sehe.

„Wer rastet, der rostet" – ist das richtig?
Das ist richtig.

Wenn ich heute noch mal 20 wäre, würde ich ...
... früher mit dem Tierschutz anfangen.

Ich habe noch folgende Träume, die ich mir noch erfüllen möchte ...
Einen Gnadenhof für ältere Beagles, die keine Chance zur Vermittlung haben.

Die Rente mit 67 ist für mich ...
... ein bisschen spät.

Entspannung heißt für mich ...
Lesen.

Hat Sie Ihre jetzige neue Tätigkeit verändert?
Ja! Bin viel offener für alles, kann mich besser in Menschen reinversetzen, bin zugänglicher geworden.

Was sind die wichtigsten Dinge am Tag?
Dass Noell nicht zu kurz kommt.

Was können Sie Gleichgesinnten raten?
Sich eine Aufgabe suchen, nur zu Hause sitzen macht krank.

Mechanik, Möbel und Motoren

Hans-Günter Zach, 68: Zuerst stellte er Rolls-Royce in sein Museum, später entwickelte er eine Sammelleidenschaft für historische Möbel

In einer Werkzeugmaschinenhalle, in einem Gewerbegebiet, wie es viele in Deutschland gibt, ist doch eine Sache anders – ganz anders! Auf den ersten Blick scheint alles ganz normal: Zahlreiche Werkzeugmaschinen dominieren das Interieur der Halle. Doch auf den zweiten Blick entdeckt man eine bunte, phantasievoll bemalte Zwischenwand, als Motiv Schloss Windsor, die einen wesentlichen Teil der Halle abtrennt.

In ihrer Mitte befindet sich eine alarmgesicherte Tür. Voller Stolz öffnet Hans-Günter Zach diesen Eingang zu seinem geheimnisvollen Reich, das er sich im Laufe der letzten drei Jahrzehnte erschaffen hat.

Zach schaltet das Licht an. Zum Vorschein kommt eine ausgefallene, in Chrom glänzende Rolls-Royce-Sammlung, die heute noch elf Rolls-Royce und acht weitere Oldtimer umfasst. Zu ihr gehörte einst auch der legendäre „Stern von Indien". Dieser Rolls Royce ist einer der bekanntesten, eine Einzelanfertigung für den Maharadscha von Rajkot. Er begleitete Zach zum 50-jährigen Thronjubiläum der Queen. Als einem von drei Deutschen, die die Ehre hatten, dabeizusein, ist ihm dieses Erlebnis besonders in Erinnerung. „Das werde ich nie vergessen, dass ich so nah an der Queen vorbeigefahren bin. Das war ein Riesending für uns, das war klasse."

1994, zu seinem 50. Geburtstag, war es dann so weit. Zach kaufte sich sein Traumauto: einen Silver Shadow Cabriolet Corniche. „Schon 1968 wusste ich: Junge, du musst so arbeiten, dass du mal so ein Auto kaufen kannst. Jetzt habe ich das Geld, meinen Jugendtraum zu erfüllen."

Mit dem Kauf der ersten beiden RR-Oldtimer wurde Zachs Sammelvirus entfacht. In der Spitze zählte sein Fuhrpark 24 Rolls-Royce und drei Bentleys, die in seinem im Jahr 2000 gegründeten Museum ihren Platz fanden.

Bis heute bestaunten schon 40000 Besucher seine Oldtimer-Kollektion, für deren Besichtigung Zach keinen Eintritt verlangt. Im Gegenzug ruft er dafür seine Besucher zu Spenden für hilfsbedürftige Menschen auf. „Ich engagiere mich für viele soziale Projekte", so der gelernte Werkzeugmachermeister, der mittlerweile über 300000 Euro gespendet hat.

Hans-Günter Zach ist am 24. Juli 1944 in Bieber bei Gelnhausen geboren und aufgewachsen in Sprendlingen, im Kreis Offenbach. Er wusste schon früh, dass er etwas Handwerkliches machen wollte. Inspiriert wurde er in erster Linie durch seinen Großvater. Größtenteils ist er bei seinen Großeltern aufgewachsen, seine Mutter arbeitete in der eigenen Zigarrenfabrik, die der Großvater gegründet hatte. Sein Vater kehrte erst 1949 aus der Kriegsgefangenschaft zurück.

Nach acht Jahren Volksschule absolvierte Zach 1959 eine Lehre zum Werkzeugmacher. Er war ein ehrgeiziger und stürmischer Lehrling, auf seinem Werkzeugwagen stand daher: „Hier wühlt Zach." 1972 machte er seine Meisterprüfung und eröffnete 1968 seinen ersten Betrieb im Keller seines Elternhauses, 1970 folgte bereits eine Bauschlosserei und mechanische Werkstatt in Obertshausen. 1978 begann Zach mit dem Maschinenhandel und siedelte 1983 mit seinem Betrieb nach Mühlheim um. Dort baute er weitere Lagerhallen und Bürogebäude und befasste sich zusätzlich noch mit dem Immobiliengeschäft.

Immer war Zach seinen Mitstreitern eine Nasenlänge voraus. Er gehörte zu den ersten, die ein Autotelefon besaßen. Dieser strategische Vorteil verhalf ihm nach kurzer Durchsicht des Anzeigenteils der Frankfurter Rundschau am Freitagmittag dazu, die angebotenen Maschinen lange vor den Konkurrenten zu erwerben. „Wir

hatten doch eben erst telefoniert, jetzt stehen sie schon hier", das fand Zach klasse. Oft schaltete er noch am selben Wochenende Anzeigen in der Offenbach-Post oder der Rheinischen Post, um die maschinellen Schnäppchen vom Vortag mit Gewinn zu verkaufen.

Trotz seiner Bekanntheit ist der hessische Fabrikant bodenständig. Für sein soziales Engagement wurde ihm 2006 das Bundesverdienstkreuz verliehen. Eines seiner prägendsten Erlebnisse war jedoch die jahrelange intensive Pflege seines schwer erkrankten besten Freundes, den er bis zum Tod begleitet hat. Diese Erfahrung hat den Geschäftsmann tief beeindruckt. Er ist dankbar und demütig geworden, da ihm viel Gutes widerfahren ist. „Dadurch bin ich gläubig geworden."

Vielleicht war diese Einsicht ein weiterer Anstoß für seine neue Leidenschaft. Zach sammelt nämlich nicht nur Autos, sondern aus vollem Herzen alte Möbelstücke aus ganz Europa, insbesondere alte Schränke. Zu ihnen zählen auch einige der berühmten „Frankfurter Wellenschränke". Kenntnisreich führt Zach durch sein zweites Refugium. Doch hier ist es nicht die märchenhaft anmutende Kulisse, die einen zum Staunen bringt, sondern die schier überwältigende Anzahl an Schränken, Sekretären, Kommoden, Tischen sowie zahlreichen Gemälden, Skulpturen und Spiegeln aus Renaissance, Barock, Biedermeier und frühem Jugendstil, die auf gut 1000 Quadratmetern in einem ehemaligen Ausbildungszentrum zur Bewunderung bereitstehen. Zachs Interesse an Möbeln war schon früh da: „Weil ich früher nix hatte, hatte ich den Wunsch, Möbel zu haben." Außerdem ist er schon seit seiner Jugend vom Möbelbau fasziniert, die Technik und Handwerkskunst begeistern ihn.

Doch die größte Motivation zum Sammeln der alten Möbel ist der Wunsch, „Sachen zu erhalten, sie zu Lebzeiten in Obhut zu haben". Denn eins weiß Zach ganz genau und erinnert sich dabei an ein Lied von Heinz Schenk: „Es ist alles nur geliehen auf dieser schönen Welt."

10 Fragen

Was fällt Ihnen zu den Begriffen Ruhestand und Lebensabend ein?
Nicht viel!

Was motiviert Sie, nicht die Füße hochzulegen, sondern die Ärmel weiterhin hochzukrempeln?
Das Leben.

„Wer rastet, der rostet“ – ist das richtig?
Das ist richtig.

Wenn ich heute noch mal 20 wäre, würde ich …
… das Gleiche wieder machen.

Ich habe noch folgende Träume, die ich mir noch erfüllen möchte …
Gesund zu bleiben.

Die Rente mit 67 ist für mich …
Die Leute gehören mit 60 in Rente.

Entspannung heißt für mich …
Ein Fernsehabend auf der Couch.

Hat Sie Ihre jetzige neue Tätigkeit verändert?
Ich bin gläubig geworden.

Was sind die wichtigsten Dinge am Tag?
Früh aufstehen, gesund sein und arbeiten können.

Was können Sie Gleichgesinnten raten?
So weitermachen, den Hobbys zu frönen, so lange es geht, das zu machen, was einem Spaß macht.

Schwere Jungs und bunte Farben

Anja Schönwetter, 71, führt Häftlinge der Justizvollzugsanstalt (JVA) Wiesbaden in die Welt der Malerei ein

Im Frühjahr 2005 besuchte die ehemalige Grundschullehrerin zusammen mit einer befreundeten Galeristin den Blue Monday in der JVA Wiesbaden, der sich jeden ersten Montag im Monat mit einem speziellen Thema beschäftigt. „Eine Sache ergab sich aus der anderen, von mir aus wäre ich ja nicht auf die Idee gekommen, in die Justizvollzugsanstalt zu gehen", erklärt Anja Schönwetter ihr Engagement.

Beeindruckt von der Tätigkeit der ehrenamtlichen Mitglieder des Fördervereins in der JVA Wiesbaden, schlug ihre Freundin vor, einen Malkurs für Inhaftierte ins Leben zu rufen. Der damalige Anstaltsleiter war von dieser Idee begeistert.

Im Oktober 2005 war es dann so weit, und Anja Schönwetter wurde ehrenamtliche Mitarbeiterin der JVA Wiesbaden. Mit fünf jungen Männern startete sie ihren ersten Malkurs.

Seitdem unterrichtet sie jeden Montagabend von viertel nach fünf bis halb neun in einem kleinen Raum im Kellergeschoss der JVA. „Ich bin mit den Häftlingen alleine, trage jedoch ein Funkgerät bei mir, mit dem ich in einer prekären Situation einen Alarmruf abgeben könnte. Bisher musste ich noch nie davon Gebrauch machen. In keiner Situation fühlte ich mich bisher unsicher."

Ihre Schüler sind fast alle wegen Gewaltdelikten in Haft. Manche von ihnen lebten vor ihrer Inhaftierung auf der Straße. Die meisten stammen aus einem Elternhaus mit sozial schwierigen Verhältnissen. Kaum einer besitzt Grundkenntnisse im Malen. An ihrem ersten Abend treten die Schüler meist scheu und zurückhaltend auf. „Meine erste Frage an sie ist: ‚Möchten Sie gesiezt oder mit dem Vornamen angeredet werden?' Alle bestehen auf dem Du." Anja Schönwetter lässt sich allerdings siezen, schon allein, um eine gewisse Distanz herzustellen. Sie betont beim ersten Kennenlernen aber, dass die Straftaten sie nicht interessieren.

Die meisten Informationen zur Gestaltung des Bildes liefert sie ihren Malschülern während der praktischen Arbeit. Es wird immer ein Thema gestellt und gemeinsam erarbeitet, indem es von allen gleichzeitig umgesetzt wird. Etliche Häftlinge können nur sehr schwer mit Lob umgehen, weil sie das in ihrem Leben vor dem Knast kaum erfahren haben. „Sie eröffnen mir dann ganz zaghaft, möglichst leise, damit die übrigen Jungen das nicht mitbekommen, wie stolz sie auf ihr Bild sind", so die Wiesbadenerin. Durch die gemeinsame Arbeit stellt sich nach und nach eine Vertrautheit ein, die dann zur Folge hat, dass die Jungen ihr aus ihrem früheren Leben einiges erzählen. Sie wissen genau, dass alles, was im Werkraum erzählt wird, nicht nach außen dringt.

Alle zwei Jahre organisiert Anja Schönwetter Ausstellungen mit Häftlingsbildern - und diese bewusst außerhalb der Gefängnismauern. Diese Arbeiten in der Öffentlichkeit zu präsentieren, erachtet sie als wichtig, um Vorurteile abzubauen. Die Berichterstattung in der Presse und die Gästebucheintragungen erfüllen die Häftlinge mit Stolz und steigern ihr Selbstwertgefühl.

Die mehr als sechsjährige Arbeit mit den Häftlingen bereitet Anja Schönwetter nach wie vor große Freude, denn sie erlebt immer wieder, wie problemlos die Inhaftierten zu motivieren sind und mit wie viel Ernsthaftigkeit und Ausdauer sie an die gestellten Aufgaben herangehen. Insgesamt zählen bis heute 60 Schützlinge zu ihren Schülern. Mit etlichen steht sie noch in Briefkontakt. Einige rufen sie regelmä-

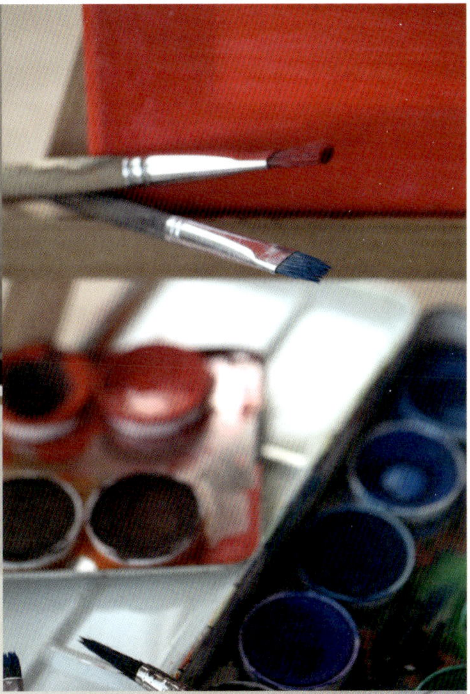

ßig an. Eine Sache ergab sich aus der anderen ... – so verhielt es sich auch mit dem nächsten Projekt: Anlässlich einer Ausstellung von Häftlingsbildern wurde sie von einer Dame gefragt, ob sie mit einer Selbsthilfegruppe „Frauen nach Krebs" malen würde. Seit August 2010 traf sie sich einmal pro Woche mit acht Wiesbadener Mitgliedern dieser Frauenselbsthilfegruppe und unterrichtete sie in Acrylmalerei. Nach einer Pause wird der Kurs demnächst weitergeführt.

Drittes Malprojekt: Malen mit Hartz-IV-Empfängern. Seit September 2011 zählen fünf Hartz-IV-Empfänger zu ihrer Malgruppe, die sich alle vierzehn Tage in den Räumen der Diakonie Wiesbaden trifft. Die 70-jährige Kunstlehrerin interessiert sich für Lebensläufe aus anderen Lebenssituationen. Durch ihr Engagement will sie der Gesellschaft etwas zurückgeben, denn: „Ich hatte viel Glück im Leben, in den Nachkriegsjahren, mit der Geborgenheit in einer liebevollen Großfamilie, mit der Möglichkeit eines Auslandsstudiums in den USA, dem Erwerb des Lehramts für Grund-, Haupt und Realschule 1966. Sofort habe ich eine Anstellung an einer Schule gefunden, an der ich bis zum Eintritt in den vorzeitigen Ruhestand sehr gerne gearbeitet habe. Ich bin seit 43 Jahren glücklich verheiratet und habe einen Sohn, der erfolgreich als Jurist arbeitet."

Anja Schönwetter will ihre jetzige ehrenamtliche Arbeit gerne noch lange ausüben – so lange sie noch fit ist –, denn die Kunst ist für sie besonders wichtig.Genau wie das Fach Kunsterziehung in der Schule bei lernschwachen Kindern viel zutage fördern kann, „hilft die Kunst, Brücken zu bauen – und dies auch zu anderen Gesellschaftsgruppen", resümiert sie hoffnungsvoll und voller Freude.

10 Fragen

Was fällt Ihnen zu den Begriffen Ruhestand und Lebensabend ein?
Endlich mal die Gelegenheit zu haben, das zu tun, wofür man früher nie Zeit hatte!

Was motiviert Sie, nicht die Füße hochzulegen, sondern die Ärmel weiterhin hochzukrempeln?
Das war schon immer meine Mentalität. Ich würde eingehen wie eine Zimmerpflanze. Ich brauche Kontakt zu Menschen.

„Wer rastet, der rostet" – ist das richtig?
Ja, weil man dann auch zu viel Zeit hat, sich mit seinen Gebrechen, die im Alter kommen, zu befassen.

Wenn ich heute noch mal 20 wäre, würde ich …
… eigentlich alles wieder so machen.

Ich habe noch folgende Träume, die ich mir noch erfüllen möchte …
Nach Kalifornien reisen.

Die Rente mit 67 ist für mich …
In meinem Beruf unvorstellbar.

Entspannung heißt für mich …
Malen und Lesen.

Hat Sie Ihre jetzige neue Tätigkeit verändert?
Ja, ich bin noch dankbarer für das, was ich habe.

Was sind die wichtigsten Dinge am Tag?
Ich freue mich, dass ich pensioniert bin, dass meine Familie gesund ist und in der Nähe wohnt und dass ich Zeit für Hobbys habe.

Was können Sie Gleichgesinnten raten?
Auf jeden Fall nicht rasten, aktiv sein und Freude haben, um die Gebrechen zu vergessen.

Ein Reiseführer in der Bütt

Karl Oertl, 73, bildet Narren aus und führt Bus-Reisende mit Herzblut durch Europa

Es ist Samstagabend, drei Tage nach Aschermittwoch. Um Punkt 19 Uhr füllt sich die Veranstaltungshalle Saalbau Bornheim. Eingeladen hat die Bornheimer Karneval-Gesellschaft 1901er zum traditionellen Heringsessen und der „Fastnachts-Beerdigung". Höhepunkt des Abends ist die Verleihung des Ordens „De lachende Frankforter". Die Idee stammt von Karl Oertl.

Karl Oertl ist ein routinierter Moderator, mehr als zwei Jahrzehnte war er Sitzungspräsident der Karnevalssendung „Hessen lacht zur Fassenacht" des Hessischen Rundfunks. Im Alter von 27 Jahren hat Oertl das erste Mal in der Bütt gestanden und in seinem Leben unzählige Protokolle, Ankündigungen und Begrüßungsreden geschrieben. Zum Karneval kam er durch sein Engagement im Sportverein Bergen-Enkheim, dort erkannte man sein Moderations- und Unterhaltungstalent und fragte ihn, ob er auch mal was an Karneval machen wolle. So kam es, dass er seine ersten Vorträge schrieb. Die Resonanz darauf war so gut, dass er Spaß daran bekam und von da an jede Saison in die Bütt stieg.

Der HR suchte 1980 einen geeigneten Saal für die Sendung „Hessen lacht zur Fassenacht". Oertl, der zu dieser Zeit mehrere Saalbau-Bürgerhäuser betreute, handelte schnell und vermittelte als Austragungsort die Stadthalle Bergen-Enkheim. Ein Jahr später hielt Oertl schon die erste Büttenrede bei „Hessen lacht zur Fassenacht" und wurde vier Jahre später zum Sitzungspräsidenten der beliebten Fernsehsendung.

Mit zunehmender Erfahrung erkannte er, worauf es bei einer Büttenrede zu achten gilt und wie man als Sitzungspräsident kurzweilig durch den Abend führt.

Die notwendigen Feinheiten in Mimik und Rhetorik wollte er weitergeben und entschloss sich, gemeinsam mit dem Großen Rat eine Büttenrednerschule zu gründen. Diese Kaderschmiede für Karnevalisten gibt es nun seit 20 Jahren. Seine Maxime: „Du musst als Gewinner rausgehen." Zusammen mit zwei anderen Karnevalisten betreibt er die Schule in zwei großen Räumen im Nordwest-Zentrum in Frankfurt. Immer dienstags von 17 bis 22 Uhr lehrt er dort Moderationstechniken und den Umgang mit Lampenfieber.

Karl Oertl wurde 1939 im Egerland in Tschechien geboren. Die Kriegsjahre waren schwere Jahre, da er als Halbwaise aufwuchs und seine Mutter ihn und seine beiden Geschwister alleine großziehen musste. 1946 kam er im Alter von sieben Jahren nach Hessen. Seine Kindheit verbrachte er mit seiner Familie auf unterschiedlichen Bauernhöfen, auf denen er teils schon im Alter von zehn Jahren mit anpacken musste, auch um sich Nahrungsmittel zu verdienen.

Im Vogelsberg absolvierte er bei einem Landwirt eine Lehre zum Schmied und Schlosser, machte auch die Meisterprüfung. Im Anschluss fing er bei der Höchst AG an und machte zusätzlich noch eine Schweißerausbildung. Von der Höchst AG wechselte er zu MAN und damit in die Welt. Er ging auf Montage in Holland, Frankreich und Luxemburg. Das Highlight war ein 14-monatiger Aufenthalt in Argentinien, der ihm viel Spaß machte. Um Kontakt zum weiblichen Geschlecht in der Heimat zu knüpfen, fragte er seine Cousine, ob sie ein paar Mädels kennen würde, die Lust hätten, mit ihm und drei Kollegen aus Mainz in Briefkontakt zu treten. Aus seiner Brieffreundschaft zu Helga aus Bergen-Enkheim wurde nach und nach Liebe und nach einem halben Jahr hielt ihn nichts mehr in Südamerika. Er wollte zurück nach Deutschland, zu Helga, die er nach weiteren sechs Monaten heiratete und mit der er bis heute glücklich verheiratet ist. 2011 feierten die beiden Goldene Hochzeit.

Karl Oertls beruflicher Weg führte über Umwege zu Saalbau in Frankfurt. Das dritte Kind brauchte aufgrund seiner Behinderung besondere Aufmerksamkeit und er konnte nicht mehr auf Montage gehen, sondern entschied sich, eine neue Tätigkeit zu suchen , um seine Frau im Alltag zu unterstützen.

Sein behinderter Sohn lebt nun schon seit über 20 Jahren in einem Behindertenwohnheim in Hanau. Oertls engagieren sich seitdem für Behinderte. Karl Oertl sorgt dafür, dass bekannte Künstler unentgeltlich bei Veranstaltungen auftreten und Besucher anlocken – dabei hilft ihm auch seine Popularität. Ob bei Schlachtfesten oder Karnevalssitzungen – Oertl sorgt für ein volles Haus. Für seinen Einsatz in der Behindertenarbeit wurde er mit dem Hessischen Verdienstorden ausgezeichnet.

Oertl ist niemand, den man lange bitten muss. Er hat Spaß am Organisieren von Veranstaltungen und sieht sich selbst als „rührigen Rentner und Koordinator". „Ich lebe 25 Stunden am Tag", lacht er.

Ein weiteres Steckenpferd für den Unterhalter ist seine Reiseleitertätigkeit. Führen die Tagesbustouren heute nur noch durch Hessen, so ist er bis Mitte 2011 noch nach Norwegen gereist und führte Gruppen durch Spanien und Portugal – während seiner Urlaubszeit. Privat bereiste Oertl die halbe Welt. Ob Russland, Grönland, Ecuador oder Peru, fremde Kulturen und Länder waren von jeher für den Kosmopoliten eine große Bereicherung.

Entspannen kann der 73-Jährige gut, wenn er für seine Familie den Kochlöffel schwingt, „die essen alle gerne bei mir". Seine Umtriebigkeit konnte er nur leben, weil seine Frau ihn immer unterstützte. „Das geht nicht, wenn Sie sich nicht auf Ihren Lebenspartner verlassen können und umgekehrt", so der Tausendsassa. Er hält an seinem Motto fest: „Es gibt kein Erlebnis, sei es noch so schlecht, aus dem man nicht lernen kann."

hr

10 Fragen

Was fällt Ihnen zu den Begriffen Ruhestand und Lebensabend ein?
Menschen, die in Frankfurt ohne Garten und Blumen leben, sind arm dran.

Was motiviert Sie, nicht die Füße hochzulegen, sondern die Ärmel weiterhin hochzukrempeln?
Das ist mein ganzer Lebensinhalt.

„Wer rastet, der rostet" – ist das richtig?
Das ist allemal richtig.

Wenn ich heute noch mal 20 wäre, würde ich …
… alles wieder so machen.

Ich habe noch folgende Träume, die ich mir noch erfüllen möchte …
Dass meine Frau und ich gesund bleiben und wir noch viele gemeinsame Urlaube in Frankreich verleben können.

Die Rente mit 67 ist für mich …
Einen Maurer kann ich nicht bis 67 aufs Dach schicken. Wenn Leute nicht viel in ihrem Leben gearbeitet haben, dann können sie ruhig bis 67 arbeiten.

Entspannung heißt für mich …
Kochen.

Hat Sie Ihre jetzige neue Tätigkeit verändert?
Wenn du in der Öffentlichkeit stehst, bist du gezwungen, dein Benehmen zu ändern.

Was sind die wichtigsten Dinge am Tag?
Aufstehen, Luft holen, nicht müßig leben, zufrieden ins Bett gehen.

Was können Sie Gleichgesinnten raten?
Bewegen, sich regen, sich bilden.

SCHÄFER
61130 NIDDERAU

Aus der Wildnis auf den Bildschirm

Rolf Köster, 71, und Vita Köster, 69, bilden ein eingespieltes Team hinter der Kamera und am Schneidetisch

Mit Freude liest Vita Köster die E-Mail ihres Guides aus Tansania: „Hello my parent in German ho u ar yo hear wear fine my famell hopp thear yoar fine two Congreratolation fo new year. So am just saye hello. Best weshess, Msangi." Mittlerweile beherrscht sie es, Msangis Nachrichten in englischer Lautschrift zu lesen. Der Guide hat sie und ihren Ehemann Rolf aufgrund der engen Beziehung als deutsche Eltern adoptiert. Msangi ist einer von drei afrikanischen Guides, mit denen Kösters seit mehreren Jahren zusammenarbeiten. Eigentlich im Ruhestand, aber neugierig, haben der Diplomingenieur und die ausgebildete Journalistin sich in Afrika auf ein ganz neues Feld begeben und ihre Liebe zum Filmen als Tier- und Dokumentarfilmer entdeckt.

Begonnen hat alles im Sommer 1994. Kurz zuvor hatten Vita und Rolf ihre erwachsene Tochter in die USA verabschiedet. Leicht wehmütig fiel ihnen das Schaufenster eines Reisebüros in den Blick. Eine Anzeige für Safaris in Afrika erregte ihre Aufmerksamkeit. Dies war der Auftakt einer bis heute anhaltenden Liebe zu Afrika. „Seitdem sind wir mit dem Afrikavirus infiziert", so Vita Köster. Mittlerweile haben sich Rolf und Vita einen Stützpunkt in Hermanus, Südafrika, eingerichtet. Von dort aus bereisen sie in den entsprechenden Jahreszeiten Tansania, Botswana, Malawi, Mosambik, Angola und Namibia, um dort zu filmen.

Der Film „Die größte Tierwanderung der Welt", den die beiden in Zusammenarbeit mit dem Hessischen Rundfunk produzierten, wurde bereits mehrfach im HR-Fernsehen und auch von anderen ARD-Sendeanstalten ausgestrahlt. Als Autodidakten haben sie sich ihr Know-how über das Filmen in Workshops und Kursen angeeignet. „Das Filmen hat eine andere Dimension bekommen, als klar wurde, dass wir eine enge Beziehung zu Afrika haben", so Rolf Köster.

Mit ihren Filmen wollen die passionierten Natur- und Tierliebhaber auf unterschiedliche afrikanische Tierarten, die größtenteils vom Aussterben bedroht sind, aufmerksam machen und über Schutzmaßnahmen aufklären. Zu ihrem mittlerweile professionellen Equipment gehören drei hochwertige HD-Kameras, ein Geländewagen und ein mit neuester Technik ausgestatteter Schneideraum, in dem die beiden in wochenlangen Sitzungen ihre Filme bearbeiten.

Vita und Rolf Köster sind ein gutes Team. Sie begegnen sich auf Augenhöhe, mit viel Respekt und Achtsamkeit, haben eine gemeinsame Aufgabe, die sie erfüllt und ihnen das Wort Ruhestand fremd vorkommen lässt. Als beide beschlossen, etwas Gemeinsames zu machen, war auch Vita bereit, zur Kamera zu greifen.

Vita Köster wurde am 24. November 1943 in Oberstdorf geboren und zog im Alter von zwei Jahren nach Duisburg, wo sie eine glückliche, unbeschwerte Kindheit verlebte. Durch die Berufstätigkeit der Eltern - sie betrieben ein Fotogeschäft - wurde sie schon früh zur Selbstständigkeit erzogen. „Ich war ein Schlüsselkind", erinnerte sich Vita.

Vita wollte Journalistin werden und absolvierte ein Volontariat bei einer Tageszeitung in Duisburg. Dabei stellte sie fest, dass sie für den Beruf der Journalistin nicht neugierig genug war, und entschloss sich im Alter von 20 Jahren, in die Werbung zu wechseln, in eine internationale Werbeagentur in Düsseldorf.

DEFENDER

Rolf Köster, am 25. Mai 1941 in Duisburg geboren, wuchs mit seiner Mutter auf; sein Vater war 1942 in Russland gefallen. Nach einer Lehre zum Modelltischler machte Rolf sein Fachabitur und absolvierte im Anschluss ein Ingenieur-Studium der Gießereitechnik. Das wurde durch seine heute 93-jährige Mutter ermöglicht. Das nötige Taschengeld verdiente er sich durch Tapezieren und als Gitarrist und Banjospieler in einer Jazz-Gruppe. Noch heute spielt die Musik eine wichtige Rolle für den 71-Jährigen.

Nach Abschluss seines Studiums kam Rolf im Alter von 23 Jahren über seinen Onkel an ein Ingenieurbüro, das für die Planung, Konstruktion und Produktion von Gusselementen in der Automobilindustrie tätig war. Dort stieg er schnell auf und wurde 1966 in die Zentrale nach Rüsselsheim gerufen. 1980 vermachte ihm der Eigentümer Anteile an der Gesellschaft. Rolf war nun einer von drei Partnern und zuständig für den Aufbau des Auslandsgeschäfts, das er bis zu seinem vorzeitigen Ruhestand im Dezember 1994 weltweit betreute.

„Ich hatte Vita schon länger im Visier", erinnert sich Rolf. Vita schmunzelte: „Ich war 19 Jahre alt, als ich mit einer Freundin durch den Wald spazierte und zum ersten Mal meinem Mann begegnete. Er hatte leicht wunde Lippen und eine Posaune in der Hand. Ich dachte, sieht der komisch aus." Für die geröteten Lippen gab es eine Erklärung: Um andere nicht zu stören, ging Rolf stets zum Üben in den Wald. Es sollte noch einige Zeit dauern, bis aus ihren Begegnungen Empfindungen wurden. Auf dem Winterfest des Duisburger Skiclubs wurde es dann konkreter. Auf seiner Gitarre begleitete Rolf die Gesangsdarbietungen von Vita und anderen. „Aufgrund meiner schlechten Gesangsleistungen nahm Rolf sich meiner an, weil er der Meinung war, ich käme ohne ihn nicht durchs Leben", blickt sie heute noch dankbar und glücklich zurück.

Nach einigen gemeinsamen Jahren in Duisburg folgte Vita ihrem Mann nach Wiesbaden. Dort fand Vita einen Job in einem Pharmaunternehmen, als Leiterin der Werbeabteilung. 1968 heirateten Rolf und Vita und bekamen im selben Jahr ihr erstes Kind Oliver, drei Jahre später folgte ihre Tochter Cathi.

2008 machte Vita Rolf den Vorschlag, mehr Zeit in Afrika zu verbringen. Diese Idee stieß bei Rolf zunächst auf wenig Gegenliebe. Nach ein paar Monaten Bedenkzeit freundete er sich dann doch mit dem Gedanken an, einen Neustart zu wagen. Es folgte der Entschluss, das ländliche Paradies in Naurod im Taunus zu verkaufen, um unbelastet die meiste Zeit im afrikanischen Busch verbringen zu können. „Die treibende Kraft war Vita", stellt Rolf fest und sie ergänzt: „Man kann nur neu anfangen, wenn man loslässt."

Das nächste Projekt wartet auch schon. Ab Sommer 2012 gehts aufs Wasser. Von Hermanus aus werden Vita und Rolf unter der Mitarbeit eines weltbekannten Haiforschers eine Dokumentation über die gefährdeten weißen Haie und Southern-Right-Wale produzieren. Letztere bringen vor der Küste Südafrikas in der Zeit zwischen Juli und November ihre Jungen zur Welt.

Auf die Frage nach ihrer heutigen Beziehung erklärt Rolf: „Jeder hat seine Rolle im Team, wir ziehen gemeinsam an einem Strang und ergänzen uns gut, das ist ein höchst beglückender Zustand. Uns geht nie das Gesprächsthema aus."

10 Fragen

Was fällt Ihnen zu den Begriffen Ruhestand und Lebensabend ein?
Er: Ich empfinde das nicht, das ist kein Faktor für mich.
Sie: Denke darüber nicht nach.

Was motiviert Sie, nicht die Füße hochzulegen, sondern die Ärmel weiterhin hochzukrempeln?
Sie: Unser Engagement im Tierschutz, mit Filmen aufmerksam machen.

„Wer rastet, der rostet" – ist das richtig?
Sie: Ja, physisch und psychisch. Er: Ja.

Wenn wir heute noch mal 20 wären, würden wir …
Er: … früher nach Afrika ziehen.
Sie: … im Busch leben mit Tieren und sie filmen.

Wir haben noch folgende Träume, die wir uns noch erfüllen möchten …
Die Reise der Wale in die Antarktis filmisch begleiten.

Die Rente mit 67 ist für uns …
… viel zu spät.

Entspannung heißt für uns …
Sie: Spaziergänge mit Scouty (Hund) am Grotto-Beach bei Hermanus.
Er: Bin immer entspannt, hierfür ist Vita ein wichtiger Faktor.

Hat Sie Ihre jetzige neue Tätigkeit verändert?
Wir kommunizieren wesentlich mehr miteinander, das ist sehr beglückend.

Was sind die wichtigsten Dinge am Tag?
Sie: Morgens in Rolfs Armen zu liegen, wenn das nicht ist, fehlt was. Und ein gutes Frühstück. Er: Dass Vita nie schlechte Laune hat.

Was können Sie Gleichgesinnten raten?
Sie: Dinge gleich tun, Loslassen von belastenden Gewohnheiten und neue Dinge sehen und entdecken.

Td5

“Durch die Interviews lernten wir sie kennen, durch ihre Geschichten, zu verstehen.”

Epilog

Von der Idee zur Erkenntnis – die Autoren geben Antwort

Wie kam es zu diesem Buch?

Sebastian Zilch (36): Kurz bevor meine Mutter in den offiziellen Ruhestand ging, habe ich über einen Zeitraum von mehreren Monaten erlebt, wie emotional unterschiedlich - geprägt durch Tiefen und Höhen - die Auseinandersetzung mit dem anstehenden dritten Lebensabschnitt sein kann. Auf der einen Seite klare Vorstellungen, auf der anderen die Angst vor Unterforderung. Mein Vater hingegen nahm seinen offiziellen Ruhestand mit großer Gelassenheit hin.
Einen weiteren Einblick erhielt ich als Teenager, als ich meine mittlerweile verstorbene Großmutter erlebt habe, wie sie sich als überzeugte „Unruheständlerin" mit großer Hingabe für Beweglichkeit im Alter und geistige Agilität einsetzte, im Rahmen ihres Engagements für die Johann Wolfgang Goethe-Universität angegliederte „Universität des dritten Lebensalters".
Diese drei unterschiedlichen Erlebnisse machten mich neugierig und waren Motivation für die folgenden Fragestellungen: Was kann ich machen, werde ich genug zu tun haben? Das Leben ist gelebt - zurücklehnen, ausruhen, kürzer treten? Rentner haben nie Zeit! Stimmt das eigentlich? Den Antworten auf diese Fragen wollten wir auf den Grund gehen.

Peter Podolski (45): Jede Falte erzählt eine Geschichte. Dies macht Porträts von älteren Menschen so interessant. Ein Fotoprojekt in einem Altenheim wurde nicht umgesetzt und ich war auf der Suche nach neuen Motiven. Da kam der Austausch mit Sebastian über das Thema Älterwerden, Ruhestand usw. gerade zum richtigen Zeitpunkt. Denn Leute zu Porträtieren, die viele Geschichten zu erzählen haben und immer noch Neues in ihrem Ruhestand erleben, versprach ein interessantes Projekt zu werden.

Wie haben wir unsere UnRuheständler gefunden und empfunden?

Isabelle Stier (34): Zu unseren Kandidaten sind wir auf ganz unterschiedliche Weise gekommen, ob durch regionale Medien, den weitläufigen Bekanntenkreis der eigenen Eltern oder durch zufällige Begegnungen. Bei der Beschreibung unserer Idee habe ich durchweg positive Erfahrungen machen können, was die erste Bestätigung für unser Vorhaben war. Wir durften unterschiedliche Charaktere kennenlernen und Lebensgeschichten erfahren, die uns offen und vertrauensvoll erzählt wurden. Interessiert haben uns Menschen, die ihren Ruhestand aktiv gestalten und ihren – besonderen, ja teils exotischen – Wünschen nachgehen, deren biologisches Alter weit von dem entfernt ist, was in der Politik und Gesellschaft im Allgemeinen als „alt" etikettiert wird.

Sebastian Zilch: Die Offenheit unserer Kandidatinnen und Kandidaten war verblüffend. Die Freude und Überzeugung, in der sie ihr Leben und ihre aktuelle Tätigkeit geschildert haben, war tief beeindruckend. Die ersten Interviews waren begleitet von Nervosität, Ehrfurcht, dem Bemühen, die richtigen Fragen zu stellen, und der Ahnungslosigkeit, wohin die Reise führen würde.

Peter Podolski: Das Fotografieren der Kandidatinnen und Kandidaten war für mich mit viel Freude verbunden. Vorbehaltlos ließen sie sich auf die Produktion der Bilder ein. Sie waren durchweg offen für alle Bildideen und hatten volles Vertrauen in die Umsetzung. Mit ihrer guten Stimmung sorgten sie für eine angenehme und lockere Atmosphäre bei den Shootings. Jede Falte eine Geschichte. Während der Entstehung der Bilder ergaben sich oft interessante Gespräche und oft wurden sehr viel mehr Geschichten erzählt, als Falten zu sehen waren.

Und was haben wir erfahren ...?

Isabelle Stier, Peter Podolski & Sebastian Zilch: Mit Begeisterung und Wertschätzung blicken wir auf die letzten zwölf Monate zurück und sind um einige Erkenntnisse zur möglichen Art der Lebensgestaltung reicher: Wir erlebten Porträtkandidaten, die uns durch Beständigkeit, Souveränität, Zufriedenheit und Vertrauen in sich, Beharrlichkeit, Ausdauer, Erfolg und den Umgang damit, sowohl in ihrem bisherigen Leben als auch in ihren heutigen Aktivitäten, beeindruckten.
Die Dankbarkeit für ein erfülltes Leben ist für diese Generation allgegenwärtig, ohne die heute mehr und mehr dominant werdende Suche nach dem perfekten Leben, ohne das Jagen nach Glück als Dauerzustand. Ihnen gemeinsam ist der Umstand, Kriegs- oder Nachkriegskinder zu sein. Darüber hinaus vereinen sie der Wille und die Bereitschaft, etwas für die Gemeinschaft zu tun – für Fremde, Freunde, die eigene Familie, die eigenen Mitarbeiter oder auch zugunsten eines Vereins oder politischer Ideale.
Die Fähigkeit zur Wertschätzung der vermeintlich profanen Dinge mag dieser Generation durch Entbehrungen in ihrer Kindheit besser gelingen als der Konsumgesellschaft von heute, die manchmal erst durch einen Lebensberater zu der Erkenntniss gelangt, dass die Momentaufnahme von Glück auch in sehr kleinen Dingen liegen kann, deren Beachtung man heutzutage erst lernen und erkennen muss.
Doch wenn wir – die Generation der Enkel und Kinder – anfangen, uns wieder an „Älteren" zu orientieren, ihnen zuhören, sie beobachten oder auch um Rat bitten, kann dies von großer und erstaunlicher Wirkung sein. Umgekehrt können wir aber auch älteren Generationen als Orientierung dienen. Letzten Endes geht es um das Interesse aneinander, die Offenheit und Neugier, die als Basis für einen Dialog zwischen den Generationen dienen und anspornen sollen. Die Entstehung des vorliegenden Buchs war das beste Beispiel dafür.

DANKSAGUNG

Die Entstehung des Buchs bescherte uns viele schöne, spannende und erkenntnisreiche Momente.
Für den Einblick in ihr Leben danken wir unseren Protagonistinnen und Protagonisten ganz herzlich. Ein sehr großer Dank gilt Karl-Heinz Stier, der uns als erfahrener Journalist und Autor ein wichtiger und guter Wegbegleiter war. Ebenso danken wir dem CoCon-Verlag für die Gestaltungsfreiheit und das Vertrauen in uns.

Des Weiteren danken wir allen, die uns bei der Entstehung dieses Buches begleitet und unterstützt haben.

Isabelle Stier, Peter Podolski & Sebastian Zilch

Bei Fragen oder Anregungen können Sie uns unter
autoren-unruhestand@web.de erreichen.